梵華樓藏寶・佛像

上

圖 1　梵華樓正門

目錄

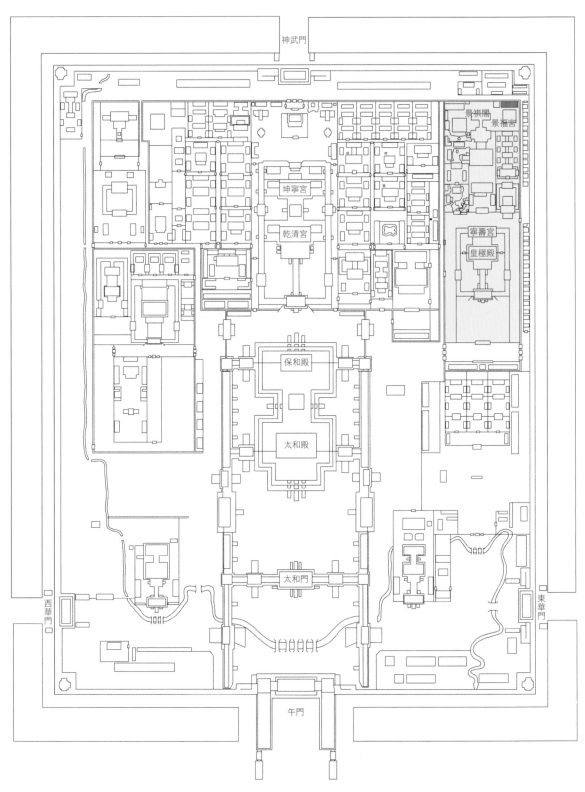

神武門

景祺閣
景福宮

坤寧宮

乾清宮

寧壽宮
皇極殿

保和殿

太和殿

西華門

東華門

太和門

午門

圖2 故宮博物院平面圖

▢ 寧壽宮景區 ▉ 梵華樓

4

梵華樓佛像珍藏

王家鵬

　　梵華樓為紫禁城內一處重要的藏傳佛教神殿，位於紫禁城寧壽宮內東北隅，是寧壽宮區建築群內的一座佛堂建築。是紫禁城內一處重要的藏傳佛教神殿。至今仍基本保持著清代乾隆時期的原貌，建築完好，文物陳設齊整。乾隆三十七年（1772）始建，乾隆四十一年（1776）建成，清代稱之為「妙吉祥大寶樓」、「六品佛樓」，是清宮廷佛堂中一種重要模式。與此樓相同的佛堂，京內外共有八座：長春園含經堂梵香樓、承德避暑山莊珠源寺眾香樓、承德普陀宗乘寺大紅台西群樓，須彌福壽寺妙高莊嚴西群樓。紫禁城中有四座：梵華樓、寶相樓、慧曜樓、淡遠樓。現在只有梵華樓保存最完好，現存文物一千零五十八件，包括了佛像、唐卡、法器、佛塔諸多文物，以六品佛樓的形式把顯宗、密宗四部祭祀的壇場完整的表現出來，這種獨特的建築形式，目前看是國內僅存的，是清代內地藏傳佛教的重要文化遺存。從建築到文物構成一個凝固的歷史空間，使得二百多年前的歷史形態得以完整保留，是研究清代宮廷藏傳佛教文化形態的標本。對於清代漢藏佛教文化藝術交流研究、清代的民族與宗教關係研究亦有重要意義。

　　梵華樓中分六品供設的金銅佛像七百八十六尊，是清宮六品佛樓中的主要供設。在這狹窄的建築空間中，集合了藏傳佛教供奉的顯密教主要神像，體現出藏傳佛教造像神系龐大、形象豐富多彩的特點。七百八十六尊一整堂佛像、諸佛菩薩的擺放位置安排周密井井有條，不僅佛像數量巨大，佛像還分為四種不同尺寸分供六室中，擺在不同的位置，這是一項艱鉅的工程，其體系之龐大，系統之嚴整，工藝之精緻，成為難得的藏傳佛教造像雕塑樣本庫。不僅是乾隆時期宮廷佛像具有代表性的鴻篇巨製。也是中國藏傳佛教造像遺存中極為獨特珍稀的文物組合。

　　這七百八十六尊銅佛按照藏傳佛教顯宗、密宗四部分為六品供設於六室。每品主尊佛九尊，配供小佛一百二十二尊。每尊小佛蓮座刻漢文佛名，題記清

晰，分部明確，把龐大的藏傳佛教神系，採用立體金屬圓雕的形式，形象系統的表現出來，成為難得的藏傳佛教造像雕塑樣本。銅佛工藝精緻，是乾隆時期宮廷佛像具有代表性的鴻篇巨製。

梵華樓稱六品佛樓，考察各品佛像的組合，對照原說語，可知所謂六品是六部佛教經典的分類。藏傳佛教經典中顯教部分稱為「經」，密教部分稱為「續」，一室般若品是顯教部，其餘五室是密教四部。

密教四部即：事部（Kriya）、行部（Carya）、瑜伽部（Yoga）、無上瑜伽部（Anuttarayoga）。密教四部是對大乘佛教晚期密教稱謂，原是對密教經典的分類，藏文譯為「續」（Rgyud），全稱「真言續部」，代表了密教發展的四個不同階段，有時也作藏密修道次第的代名詞。藏傳佛教各教派在續部的劃分上有二續部至七續部等不同說法，通行為四部之說，其中無上瑜伽部內又分為父部（方便父續）、母部（智慧母續）、無二部。如布敦大師將密教經典分為四部：事續部、行續部、瑜伽續部、大瑜伽部（即無上瑜伽部），大瑜伽部內分為：大瑜伽部方便部（父續）、大瑜伽智慧部（母續）、方便智慧無二續（無二部）。

事部，梵文 Kiya，有製作、實行、事物、行動、行為、儀式等義。密教取「事相」之義，以指灌頂、持戒、念誦、供養、祭儀等進行外部事相的修行，以及有關的經典。以持誦真言、結壇、供養等外部事相的修行為主，相當於注重事相的持明密教及其經典。

行部，梵文 Carya，有實行、實踐、執行等義。密教取「修行」之義，以指整體的或全部的修行，亦即除外部事相修行之外，同時進行內心禪觀，事相、觀想並重，相當於以《大日經》為代表的真言密教。

瑜伽部以五相成身觀法為主，重內定輕外事，《攝真實經》、《金剛頂經》是瑜伽部的根本經典，四座瑜伽是瑜伽部的重要修行方法。

無上瑜伽部密法為密教的最高法門，西藏密宗各派幾乎都以無上瑜伽部各種教授為主要修習法門。其中父部奉密集金剛、大威德金剛為本尊；母部奉勝樂金剛為本尊；無二部奉時輪金剛為本尊。各尊都有自己大量的本續、釋續等經。無上瑜伽以修中脈、風息、明點為特點，其中父部重風息，名曰命瑜伽；母部重修明點，名曰勤瑜伽；無二部重修雙運。

關於三部的劃分，西藏各教派說法不同，[①] 格魯派將無上瑜伽部分為父母二部，將無二部歸於母部。[②]

梵華樓二室無上陽體根本品即是無上瑜伽部父續；三室無上陰體根本品，

無上瑜伽部母續，不設無二續，無二續主尊時輪金剛歸於母續，完全依照格魯派經典儀規設置。如二樓五十四尊六品佛組合：一室般若品，即顯教部，主尊為釋迦牟尼佛與八大菩薩；二室無上陽體根本品，無上瑜伽部父續，以密集不動金剛佛（密集金剛）、威羅瓦金剛佛（大威德金剛）及其變身為主尊；三室無上陰體根本品，無上瑜伽部母續，以上樂王佛（勝樂金剛）、持噶巴拉喜金剛（喜金剛）、時輪王佛（時輪金剛）及其變身為主尊；四室瑜伽根本品，瑜伽部，以普慧毗盧佛為中心主尊；五室德行根本品，即行部，以宏光顯耀菩提佛為中心主尊；六室功行根本品，即事部，以無量壽佛為中心主尊。這六室的排列順序：一室般若部為顯教部，格魯派重視顯教修持，修行次第是先顯後密，顯教諸佛放在西一室最顯著位置，體現佛教以西方為上的觀念。同理其餘密教四部五室，自西向東由最高的無上瑜伽部父部、無上瑜伽部母部、瑜伽部、事部、行部，依次排列。

紫禁城內另一座密教四部神殿雨花閣是四層高樓，一層正間前部供奉顯教神像，一層後部供密教事部神像，欄杆上貼有橫幅，名曰「西方極樂世界阿彌陀佛安養道場」。其餘三部在二至四層，由低到高排列密教四部神像，無上瑜伽部在最高層，符合密教修行次第要求，由低到高安排。梵華樓在平面上布置顯密神像，二樓只開一西山牆門，按照阿彌陀佛供養儀規，以西方為上觀念，自西向東從高到低排列六品佛像。

梵華樓建築格局設計與神佛陳設統一。所謂六品佛樓是六部立體曼陀羅，這是一個完整嚴密的系統工程。設計者按照藏傳佛教經典、教義、儀軌要求布置供養道場，安奉諸佛菩薩、佛塔、佛經、法器、供器，可謂身、語、意三所依（經、像、塔）齊備，三密相應輪圓具足，把龐大的藏傳佛教萬神殿以集萃的方式，展現在這狹小的空間中。並涉及藏傳佛教顯密經典，及其中像法、壇法、供養法、曼陀羅法等諸多經典，還有待我們去深入探索。

梵華樓中除六品佛之外，還保藏著多尊有重要歷史價值的佛像。一樓明間供旃檀佛銅像，是紫禁城佛堂中最高大的一尊銅佛像。此像乾隆三十九年（1774）由南城聖安寺遷入梵華樓，它是著名的優填王旃檀佛像的明代銅摹像。

---

① 見宗喀巴大師著，法尊法師譯：《密宗道次第廣論》，全國圖書館文獻縮微複製中心1994年版。另參閱郭元興撰：《中國大百科全書·宗教卷》，「藏地密教·瑜伽條」，頁266、494。

② 參閱索南才讓：《西藏密教史》，頁583，中國社會科學出版社，1998年。呂建福：《中國密教史》，頁10，中國社會科學出版社，1995。

旃檀佛原像來自印度，歷史悠久，相傳 3 世紀就從天竺傳入龜茲，4 世紀時鳩摩羅什攜來涼州，此後輾轉流傳長安、江南、汴京、上京、北京等各處享受奉祀。元代程鉅夫撰《旃檀佛像記》詳細記載流傳經過。明初旃檀佛遷慶壽寺，嘉靖十七年（1538）遷鷲峰寺 128 年，清康熙四年（1665）創建弘仁寺，自鷲峰寺迎奉旃檀像於弘仁寺，因此弘仁寺又名旃檀寺。清代旃檀佛在弘仁寺供奉了 235 年後，光緒二十六年（1900），八國聯軍攻陷北京，弘仁寺與旃檀佛俱毀於兵火。還有說法是旃檀像為俄國人劫去下落不明，從此這尊千年佛寶在人間失去了蹤影。這尊僅存的明代旃檀佛的金銅摹像由於進入皇宮得已倖存，是不幸中的萬幸，彌足珍貴。

樓上明間是供奉西藏佛教格魯派（黃教）祖師宗喀巴的佛堂，房間正中是木雕金漆宗喀巴坐像。北、西、東三面牆掛三幅宗喀巴源流畫像。宗喀巴面帶微笑，神態安祥，全跏趺坐在木金洋漆九龍寶座上。寶座透雕九條雲龍組成靠背和扶手，其中靠背上透雕五條雲龍，兩側扶手各透雕兩條雲龍，其形制與皇帝的御座一樣，待之以帝王之禮。由此可見乾隆皇帝對宗喀巴的尊崇之意，乾隆皇帝甚至精心到詳細指示對宗喀巴形象的處理。清宮檔案記載：

乾隆三十八年，正月初七，太監胡世杰交銅鍍金宗喀巴佛一尊，傳旨：現造宥壽宮六品佛樓內供奉漆胎宗喀巴佛，其照梵香樓供奉六品佛尺寸成造，其佛面像、肩花、衣紋、佛座，具照交出宗喀巴一樣成造，欽此。于三月初一日，將現造宗喀巴佛木胎一尊，持進交太監胡世杰傳旨：將佛面上太陽處收分些，肩花上添安松石四塊，珊瑚、青金各二塊，鑲嵌宛子樣呈覽，欽此。[3]

說明此像是乾隆皇帝親自指示仿照宗喀巴銅像，並按他本人對佛像的審美要求精雕細刻的。

四室、五室樓下佛案供奉的兩組佛像值得注意。五室樓下供一組九尊無量壽佛，外形尺寸一致。其中一尊拴有黃條「阿嘉胡圖克圖進無量壽佛九尊」，說明這九尊無量壽佛應是同時進貢入宮，並同時供入梵華樓。阿嘉胡圖克圖是青海塔爾寺寺主，是乾隆時期駐京的青海胡圖克圖之一。清宮廷與甘青寺院關係密切，從康熙年間起設置駐京胡圖克圖，在京供職者十二名，其中青海僧人占七位，有塔爾寺的阿嘉、拉科，佑甯寺的章嘉、土觀，廣惠寺的敏珠爾，德千寺的賽赤，東科爾寺的東科爾。乾隆欽定駐京喇嘛班次時，定章嘉為左翼頭

---

③ 中國第一歷史檔案館藏《活計檔》，膠片號 123。

班，敏珠爾為右翼頭班，均為青海大胡圖克圖，全部為格魯派，其中影響最大的是章嘉國師系統。

另外一組五尊扎什利瑪銅佛像上都繫有黃條，其上墨書漢文：

班禪額爾德尼之商卓忒巴扎薩克喇嘛濟忠格烈加勒燦請聖安進扎什利瑪×× （佛名）一尊。

其中的扎什利瑪金剛佛上還繫有另一張黃條，上書：

共佛九尊內大佛五尊。

藏語庫房總管稱「商卓忒巴」，此黃條沒有記載時間。根據清宮檔案考證可知，這五尊佛像為六世班禪總管濟忠格烈加勒燦所進獻皇帝的九尊佛像中的五尊大佛。乾隆四十四年六月，班禪從西藏日喀則出發，乾隆四十五年七月到達熱河，朝覲乾隆帝，參加七旬萬壽慶典。在班禪朝覲的兩年間向朝廷進獻了大量佛像、法器等珍貴法物，乾隆帝極為重視，為迎接班禪特建承德須彌福壽寺、北京香山昭廟。乾隆四十五年九月，六世班禪到京遊覽了紫禁城、北海、頤和園、香山等處，朝拜了皇家佛堂。九月十三日親到甯壽宮梵華樓參拜念經，清宮檔案中記錄：

永榮奏報班禪遊覽紫禁城北海頤和園等處情形片，乾隆四十五年九月十七日：本月十一日臣等照料班禪額爾德尼從德壽寺至舊衙門及永慕寺禮佛畢，即平安返回黃寺。十三日，入神武門，瞻仰甯壽宮供佛，依次遊覽各處。班禪額爾德尼欣然告稱，小僧仰承皇帝之恩，得以叩拜真佛，瞻仰勝似額斯潤宮之神奇殿堂，如夢似幻。先前進獻佛尊，皇上均予供奉，塔內（即梵華樓塔，筆者按）所供佛尊，亦系小僧所獻，供奉於如此尊貴之處，均為小僧難得之福，等語。④

梵華樓不僅保存了六世班禪進獻的佛像，六世班禪在梵華樓也留下了他的足跡，值得我們永遠紀念。

圖 3 梵華樓外景

---

④ 見中國第一歷史檔案館，中國藏學中心合編：《六世班禪朝覲檔案選編》，頁 278、290。

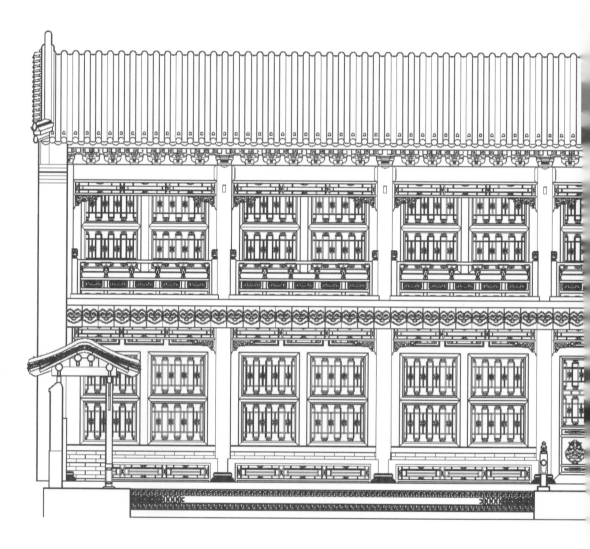

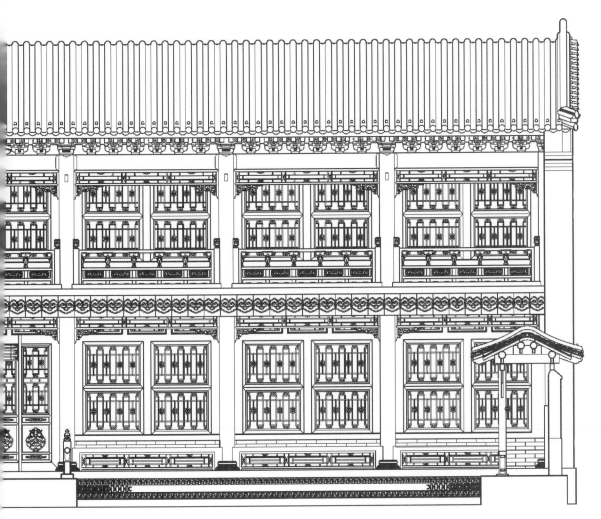

圖 4 梵華樓正立面圖

一 明間佛像

梵華樓明間樓下為釋迦牟尼佛堂，房間正中漢白玉石須彌座上供銅鍍金旃檀佛銅像一尊，銀鍍金金剛薩埵與彌勒佛兩尊。北、西、東三面牆掛供釋迦牟尼源流畫像。佛前擺放花梨木雕刻長方供桌、金絲楠木架几案。上供設銅鑲玉六角香亭、嵌玉銅塔、銅胎掐絲琺瑯五供等各種供器。

明間樓上是藏傳佛教格魯派祖師宗喀巴佛堂，明間正中北壁面南設金洋漆九龍寶座，寶座上供金洋漆宗喀巴坐像一尊。寶座前陳設金洋漆供桌，桌上供紫金利瑪宗喀巴像，金釉瓷法輪、掐絲琺瑯巴苓、銀琺瑯五供。北、西、東三面牆掛供宗喀巴源流畫像。

13

| 明間樓上佛像 |

圖5 金洋漆宗喀巴坐像

通高 135 公分，最寬 100 公分。

F7SF：1（故 199901）

坐像為木質圓雕，帽子、身體露出肌膚處髹金
漆，其餘部分髹接近喇嘛服飾的紫紅色漆，漆
面描金色花紋。宗喀巴頭上另外佩戴黃色織金
緞帽，帽耳垂肩，上繡六字真言。面帶微笑，
神態安祥，身著袒右肩式袈裟。雙手於胸前施
轉法輪印，並各執蓮花莖，蓮花置於雙肩，左
肩蓮花上雕刻經卷，右肩蓮花上雕刻寶劍。全
跏趺坐在金洋漆九龍寶座上。

關於此像的相關清宮檔案記載：

（乾隆三十七年）五月初九日庫掌四德、五德，
筆帖式福慶為成造甯壽宮新建六品佛樓內照梵
香樓現供白壇香胎掃金罩漆宗喀巴佛一尊畫得
紙樣一張、畫得楠木胎掃金罩漆寶座一座、畫
得楠木胎掃金罩漆供卓一張紙樣一張，（中略）
俱持進，交太監胡世杰呈覽。奉旨：宗喀巴佛
照樣用楠木成造，寶座、供桌、佛格並銀法琅
供器等俱照樣准做，其廣椰木旃壇佛不必成造。
欽此。（中略）
於三十八年正月初七日庫掌四德、五德來說，
太監胡世杰交銅鍍金宗喀巴佛一尊。傳旨：現
造甯壽宮六品佛樓內供奉漆胎宗喀巴佛俱照梵
香樓供奉六品佛尺寸成造，其佛面相、肩花、
衣紋、佛座俱照交出宗喀巴佛一樣成造。欽此。
於三月初一日庫掌五德將現造宗喀巴佛木胎一
尊持進，交太監胡世杰呈覽。奉旨：將佛面相
上太陽處收分些，肩花上添安松石四塊，珊瑚、
青金各二塊，鑲嵌宛子樣呈覽。欽此。

這說明此像是乾隆皇帝親自指示仿照宗喀巴銅
像，並按他本人對佛像的審美要求精雕細刻的。

圖 5　金洋漆宗喀巴坐像

圖6 紫金利瑪宗喀巴像

長 27.5 公分，寬 18 公分，高 59 公分。

F7SF：2（故 199900）

宗喀巴像為銅合金，除面部因泥金而呈金色外，其餘部分皆氧化為黑灰色。一面二臂，寂靜相。眉間白毫嵌珍珠一顆。身著左袒僧袍，佩飾耳璫、項鍊、臂釧、手鐲、腳鐲。雙手於胸前施轉法輪印，並各執蓮花莖。蓮花置於雙肩，左肩蓮花上托經卷，右肩蓮花上托寶劍。全跏趺坐在仰蓮底座上。蓮座下為雙獅須彌座，座正前方嵌一大顆翡翠珠，底座正中台布上面刻「大清乾隆年敬造」款。身後大背光由蓮花枝葉組成，並鑲嵌各種寶石。背光頂部張開一傘蓋，傘蓋下為上樂金剛小像。背光背面陰刻漢、藏、蒙、滿四體文。

乾隆四十六年歲在辛丑冬十月吉日奉
旨照西藏扎什倫布式成造紫金利益剛
瑪宗喀巴永興黃教普證圓成吉祥加剛
意

圖 6-1　上樂金剛

圖 6-2　紫金利瑪宗喀巴像背面

16

圖 6-3　紫金利瑪宗喀巴像

明間樓下佛像

圖7 旃檀佛像

通高 210 公分。

F7XF：1（故 199922）

旃檀佛像是紫禁城佛堂中最高大的一尊銅鍍金佛像。一面二臂，螺髮高髻，正中飾髻珠，方面大耳，頰頤豐滿，上眼皮較寬，二目微合，神態安詳，面容特徵是漢地明代佛像。內著圓領口僧衣，石青邊金銀緞佛衣，雙肩前胸披褡褳式白布口袋。右手施無畏印，手掌上套一白布捆紮的圈。銅鍍金蓮花座是乾隆年配製，在面板上刻有「大清乾隆年敬造」款。供於漢白玉須彌座正中。經查證此像原為明代聖安寺佛像，清宮檔案記曰：

（乾隆四十年閏十月鑄爐處）二十五日副都統金奉旨：聖安寺請來旃檀佛一尊，梵華樓下安供，其聖安寺另造掃金罩漆旃檀佛一尊。（中略）於十一月初八日副都統金將燙得梵華樓明間樓下添安石台，中供旃檀〔檀〕佛一尊，下添銅鍍金座，兩傍〔旁〕配供塔龕樣一座持進呈覽。奉旨：銅鍍金座交金成造，其餘照樣准做。欽此。於初十日副都統金將梵華樓新供銅鍍金旃檀〔檀〕佛添配銅鍍金座，畫得巴達馬座並蓮花座二張上年款樣持進呈覽。奉旨：准照巴達馬座成造，面板上刻「大清乾隆年敬造」。欽此。於四十一年九月二十七日副都統金將現配旃檀〔檀〕佛銅座，聲明現有旃檀〔檀〕佛所鍍金色，擬將四火鍍金劄牌較顏色相同等因，交太監如意轉奏。奉旨：旃檀〔檀〕佛銅座准鍍金四次。欽此，於十一月十一日副都統金將鍍金旃檀佛座一件安在養心殿呈覽，並將舊有旃檀〔檀〕佛有犯鉛處祈請旨收什〔拾〕梅洗，交太監如意口奏。奉旨：銅鍍金座著持出，俟旃檀〔檀〕佛收什〔拾〕梅洗得時，會同刻工敬謹運往安供，欽此。

梵華樓的這尊旃檀佛像，即原供聖安寺瑞像亭的明代旃檀銅佛像，它是著名的優填王旃檀佛像的銅摹像。

據《陳設檔》記錄，此佛像原來有華麗的裝飾：

九成金五佛冠一頂，重九十五兩二錢，銀冠裡箍重三十六兩四錢。上嵌：大正珠一顆，重三錢三分五厘，別做；珊瑚珠五十顆；松石珠四十八顆；珊瑚、松石、青白玉、密〔蜜〕蠟子五個，冠翅上掛；緙絲飄帶二根，上拴正珠三十六顆，內四等正珠二十四顆重四錢六分，五等正珠十二顆重二錢五分；珊瑚珠大小八個；紅寶石墜角大小十個，八成金寶蓋品級圈二個。

黃片金斗蓬一件，海龍邊。

黃片金坎肩一件，銀鍍金鈕二個，海龍邊。

黃妝緞裙一條，海龍邊。隨：銀鍍金帶環二件，每件上嵌珊瑚、松石、催生石七塊；銀鍍金結子二件，每件上嵌松石四塊。

石青邊金銀緞佛衣一件，項上掛。

石青邊洋花緞佛衣一件，鍍金銀鈕二個。

石青邊黃妝緞裙一條，項上掛。

東珠朝珠一盤，計珠一百八顆，松石佛頭、塔，加間珊瑚珠六個。珊瑚紀念三掛，紅寶石小墜角。銀鍍金廂〔鑲〕雲產石背雲，珊瑚大墜角一個，別做。珊瑚朝珠一盤，計珠一百八顆，青金佛頭、塔。松石紀念三掛，紅寶（石）小墜角。銀鍍金廂〔鑲〕碧琊玖背雲，珊瑚大墜角一個，別做。密〔蜜〕蠟朝珠一盤，碧琊玖佛頭、塔。松石紀念三掛，珊瑚小墜角三個，別做。銀鍍金廂碧琊玖背雲，珊瑚大墜角一個，別做。催生石朝珠一盤，松石佛頭、塔，加間珊瑚珠六個。珊瑚紀念三掛，紅寶石小墜角，加間飯塊正珠三顆。銀鍍金廂碧琊玖背雲，珊瑚大墜角一個，別做。松石朝珠一盤，珊瑚佛頭，青金塔，有缺。珊瑚紀念三掛，紅藍寶石墜角，加間飯塊小正珠三顆。銀鍍金廂〔鑲〕子背雲，珊瑚大墜角一個，別做，加間五等飯塊正珠二顆，手上掛。五等正珠紀念一盤，連綠結共重三兩一錢五分，計珠一百八顆，內有色暗，珊瑚佛頭，松石塔。金紀念三掛，金杵、金斧、金鈴共三個。銀鍍金杵一件，珊瑚杵一件，金塔一件，金輪一件，松石豆一個，加間小正珠一顆，五等正珠墜角二個，耳上掛。

金鑲松石耳墜一副，銅背板。

至清末這些華麗的佛衣寶飾物已殘破不全。

圖 7　旃檀佛像

19

圖 8　彌勒佛

通高 80 公分，底座寬 65 公分。

F7XF：3（故 199924）

此佛供於明間樓下旃檀佛像左側。純銀鑄造，見肉泥金，底座鍍金，未泥金部分因氧化而呈黑色。一面二臂，頭戴五葉冠，冠上鑲嵌綠松石，葫蘆形髮髻，寂靜相。身著袒右肩式袈裟。左手施禪定印，掌心上托法器佚失；右手施說法印。全跏趺坐於半圓形仰覆蓮底座上。外著分體織錦佛衣，上為天衣，下為長裙，佛衣汙跡、殘破。

圖 9　金剛薩埵

通高 82 公分，底座寬 56 公分。

F7XF：2（故 199923）

此佛供於明間樓下旃檀佛像右側。純銀鑄造，見肉泥金，底座鍍金，未泥金部分因氧化而呈黑色。一面二臂，頭戴五葉冠，葫蘆形髮髻，寂靜相。袒露上身，左肩斜披絡腋，下身著裙。五葉冠上及所佩飾的耳璫、項鍊、臂釧、手鐲、腳鐲上均鑲嵌寶石。左手置於膝上，持金剛鈴；右手於胸前捧金剛立杵。全跏趺坐於半圓形仰覆蓮底座上。外著分體織錦佛衣，上為天衣，下為長裙，佛衣汙跡、殘破。

圖 8-1　彌勒佛

圖 8-2　彌勒佛

圖9　金剛薩

二 樓上六品佛像與
樓下散供佛像

梵華樓明間樓上為宗喀巴佛堂，左右三室是六品佛供壇，室內正中是天井圍欄。北壁供案上供九尊銅佛，均為坐像，是六品佛主尊，六室共五十四尊。每室西、東兩牆內鑲嵌六品佛格，內分五層六十一格，分為大中小三種規格，內供六十一尊小銅佛像，西、東兩牆六品格共一百二十二尊，加九尊主佛，每室一百三十一尊銅佛，六室共七百八十六尊銅佛，這是清宮六品佛樓中的主要供設。

每尊小佛蓮座刻漢文佛名，題記清晰，分部明確，按照藏傳佛教顯宗、密宗四部分別為六品，把龐大的藏傳佛教神系，採用立體金屬圓雕的形式，形象系統地表現出來。

梵華樓中除樓上六品佛之外，樓下供案上還保藏著多尊有重要歷史價值的佛像。如五室樓下一組五尊扎什利瑪銅佛像，為六世班禪總管濟忠格烈加勒燦所進獻皇帝的佛像。乾隆四十四年六月班禪從西藏日喀則出發，乾隆四十五年七月到達熱河，朝覲乾隆帝，參加七旬萬壽慶典。在班禪朝覲的兩年間，向朝廷進獻了大量佛像、法器。乾隆四十五年九月六世班禪到京，九月十三日親到甯壽宮梵華樓參拜念經，因此，梵華樓保存了六世班禪進獻的佛像。

一室般若品佛像

一室樓上北壁設供案，須彌長座之上供般若品九尊六品佛，正中釋迦牟尼佛、右一文殊菩薩、左一金剛菩薩、右二觀世音菩薩、左二地藏王菩薩、右三除諸障菩薩、左三虛空藏菩薩、右四彌勒菩薩、左四普賢菩薩。

圖 10　彌勒菩薩
Maitreya

通高 39 公分，底座寬 28 公分。

F1SF：1（故 199899 9/9）

菩薩位置右四。一面二臂。頭戴五葉冠，葫蘆形髮髻，耳後有束髮繒帶，寂靜相。袒露上身，肩披帛帶，下身著裙，佩飾項鍊、臂釧、手鐲、腳鐲。左手施無畏印；右手施與願印，並執蓮花莖，蓮花置於左肩，花心上托軍持。右舒坐，右足下踏小蓮花座。

圖 11　除諸障菩薩
Sarvanivaraṇaviṣkambhin

通高 39 公分，底座寬 28 公分。

F1SF：2（故 199899 8/9）

菩薩位置右三。一面二臂。頭戴五葉冠，葫蘆形髮髻，耳後有束髮繒帶，寂靜相。袒露上身，肩披帛帶，下身著裙，佩飾項鍊、臂釧、手鐲、腳鐲。左手施期克印；右手施說法印，手牽蓮花莖，蓮花置於右肩，花心上托太陽。左舒坐，左足下踏小蓮花座。

圖 10　彌勒菩薩

圖 11　除諸障菩薩

圖 12　觀世音菩薩

Avalokiteśvara

通高 39 公分，底座寬 28 公分。

F1SF：3（故 199899 7/9）

菩薩位置右二。一面二臂。頭戴五葉冠，葫蘆
形髮髻，耳後有束髮繒帶，寂靜相。袒露上身，
肩披帛帶，左肩斜披羊皮，下身著裙，佩飾項
鍊、臂釧、手鐲、腳鐲。左手施說法印，並執
蓮花莖，蓮花置於左肩；右手施與願印。右舒
坐，右足下踏小蓮花座。

圖 13　文殊菩薩

Mañjuśrī

通高 39 公分，底座寬 28 公分。

F1SF：4（故 199899 6/9）

菩薩位置右一。一面二臂。頭戴五葉冠，葫蘆
形髮髻，耳後有束髮繒帶，寂靜相。袒露上身，
肩披帛帶，下身著裙，佩飾項鍊、臂釧、手鐲、
腳鐲。左手施說法印，並執蓮花莖，蓮花置於
左肩，花心上托經書、寶劍；右手施與願印。
右舒坐，右足下踏小蓮花座。

圖 12　觀世音菩薩

圖 13　文殊菩薩

27

圖 14　釋迦牟尼佛

Śākyamuni

通高 39 公分，底座寬 28 公分。

F1SF：5（故 199899 5/9）

此佛位置正中。一面二臂。螺髮高髻，寂靜相。
身著袒右肩式袈裟，右肩搭覆袈裟一角，下身
著裙。左手施禪定印，右手施觸地印。全跏趺
坐。

圖 15　金剛菩薩

Vajrapāṇi

通高 39 公分，底座寬 28 公分。

F1SF：6（故 199899 4/9）

菩薩位置左一。一面二臂。頭戴五葉冠，葫蘆
形髮髻，耳後有束髮繒帶，寂靜相。袒露上身，
肩披帛帶，下身著裙，佩飾項鍊、臂釧、手鐲、
腳鐲。左手施說法印，並執蓮花莖，蓮花置於
左肩，花心上托金剛鈴；右手施與願印。右舒
坐，右足下踏小蓮花座。

圖 14　釋迦牟尼佛圖

28

圖 16　地藏王菩薩

Kṣitigarbha

通高 39 公分，底座寬 28 公分。

F1SF：7（故 199899 3/9）

菩薩位置左二。一面二臂。頭戴五葉冠，葫蘆
形髮髻，耳後有束髮繒帶，寂靜相。袒露上身，
肩披帛帶，下身著裙，佩飾項鍊、臂釧、手鐲、
腳鐲。左手施與願印；右手施說法印，並執蓮
花莖，蓮花置於右肩，花心上托摩尼寶珠。左
舒坐，左足下踏小蓮花座。

圖 17　虛空藏菩薩

Ākāśagarbha

通高 39 公分，底座寬 28 公分。

F1SF：8（故 199899 2/9）

菩薩位置左三。一面二臂。頭戴五葉冠，葫蘆
形髮髻，耳後有束髮繒帶，寂靜相。袒露上身，
肩披帛帶，下身著裙，佩飾項鍊、臂釧、手鐲、
腳鐲。左手施與願印；右手施說法印，並執蓮
花莖，蓮花置於右肩，花心上托月牙。左舒坐，
左足下踏小蓮花座。

圖 16　地藏王菩薩

圖17　虛空藏菩薩

31

圖 18 普賢菩薩

Samantabhadra

通高 39 公分，底座寬 28 公分。

F1SF：9（故 199899 1/9）

菩薩位置左四。一面二臂。頭戴五葉冠，葫蘆
形髮髻，耳後有束髮繒帶，寂靜相。袒露上身，
肩披帛帶，下身著裙，佩飾項鍊、臂釧、手鐲、
腳鐲。左手施說法印，並執蓮花莖，蓮花置於
左肩；右手握金剛杵。右舒坐，右足下踏小蓮
花座。

圖 19 一室西壁佛格

圖 18 普賢菩薩（右頁圖為局部）

32

大清乾隆年敬造

圖 19 一室西壁佛格

一室西壁佛格佛像

圖20　善遊步佛
Vikrāntagāmin

通高 13.8 公分，底座寬 11 公分。

F1Sf：1（故 199888 1/121）

佛為一面二臂。螺髮高髻，寂靜相。身著袒右肩式袈裟。左手施禪定印，右手施觸地印。全跏趺坐於圓邊三角形覆蓮底座上，底座正面下沿刻「善遊步佛」名稱。供於西壁第一層第一龕。

圖21　周匝莊嚴功德佛
Samantābhāsavyūhaśrī

通高 13.5 公分，底座寬 11 公分。

F1Sf：2（故 199888 2/121）

佛為一面二臂。螺髮高髻，寂靜相。身著袒右肩式袈裟。左手施禪定印，右手掌伸開置膝上。全跏趺坐於圓邊三角形覆蓮底座上，底座正面下沿刻「周匝莊嚴功德佛」名稱。供於西壁第一層第二龕。

圖22　鬥戰勝佛
Vicitrasaṃkrama

通高 13.8 公分，底座寬 11 公分。

F1Sf：3（故 199888 3/121）

佛為一面二臂。螺髮高髻，寂靜相。身著袒右肩式袈裟。雙手持一副盔甲。全跏趺坐於圓邊三角形覆蓮底座上，底座正面下沿刻「鬥戰勝佛」名稱。供於西壁第一層第三龕。

圖23　須彌山王佛
Ratnapadmasupratiṣṭhitaśailend-rarāja

通高 13.8 公分，底座寬 11 公分。

F1Sf：4（故 199888 4/121）

佛為一面二臂。螺髮高髻，寂靜相。身著袒右肩式袈裟。雙手施禪定印，並托須彌山。全跏趺坐於圓邊三角形覆蓮底座上，底座正面下沿刻「須彌山王佛」名稱。供於西壁第一層第四龕。

圖24　寶華遊步佛
Ratnapadmavikrāmin

通高 13.8 公分，底座寬 11 公分。

F1Sf：5（故 199888 5/121）

佛為一面二臂。螺髮高髻，寂靜相。身著袒右肩式袈裟。左手施禪定印，右手施無畏印。全跏趺坐於圓邊三角形覆蓮底座上，底座正面下沿刻「寶華遊步佛」名稱。供於西壁第一層第五龕。

圖20　善遊步佛

圖 21　周匝莊嚴功德佛

圖 23　須彌山王佛

圖 22　鬥戰勝佛

圖 24　寶華遊步佛

圖 25　慈氏菩薩
Maitreya

通高 13.8 公分，底座寬 11 公分。

F1Sf：6（故 199888 6／121）

菩薩為一面二臂。頭戴五葉冠，葫蘆形髮髻，耳後有束髮繒帶，寂靜相。袒露上身，肩披帛帶，佩飾項鍊、臂釧、手鐲、腳鐲。左手施與願印；身右側一支長莖蓮花，右手持蓮花莖。右舒坐於圓邊三角形覆蓮底座上，底座正面下沿刻「慈氏菩薩」名稱。供於西壁第一層第六龕。

圖 26　文殊菩薩
Mañjuśrī

通高 13.8 公分，底座寬 11 公分。

F1Sf：7（故 199888 7／121）

菩薩為一面二臂。頭戴五葉冠，葫蘆形髮髻，耳後有束髮繒帶，寂靜相。袒露上身，肩披帛帶，佩飾項鍊、臂釧、手鐲、腳鐲。雙手於胸前施轉法輪印，並各執一蓮花莖，蓮花置於雙肩，左肩蓮花花心上托梵篋，右肩蓮花花心上托寶劍，寶劍佚失。右舒坐於圓邊三角形覆蓮底座上，底座正面下沿刻「文殊菩薩」名稱。供於西壁第一層第七龕。

圖 27　普賢菩薩
Samantabhadra

通高 13.8 公分，底座寬 11 公分。

F1Sf：8（故 199888 8／121）

菩薩為一面二臂。頭戴五葉冠，葫蘆形髮髻，耳後有束髮繒帶，寂靜相。袒露上身，肩披帛帶，佩飾項鍊、臂釧、手鐲、腳鐲。左身側雕蓮花。左手施期克印，右手握金剛杵。右舒坐於圓邊三角形覆蓮底座上，底座正面下沿刻「普賢菩薩」名稱。供於西壁第一層第八龕。

圖 28　觀世音菩薩
Avalokiteśvara

通高 13.7 公分，底座寬 11 公分。

F1Sf：9（故 199888 9／121）

菩薩為一面二臂。頭戴五葉冠，葫蘆形髮髻，耳後有束髮繒帶，寂靜相。袒露上身，肩披帛帶，胸前斜披羊皮，佩飾項鍊、臂釧、手鐲、腳鐲。左手執蓮花莖，蓮花置於左肩；右手施與願印。右舒坐於圓邊三角形覆蓮底座上，底座正面下沿刻「觀世音菩薩」名稱。供於西壁第一層第九龕。

圖 29　除諸障菩薩
Sarvanivaraṇaviṣkambhin

通高 13.5 公分，底座寬 11 公分。

F1Sf：10（故 199888 10／121）

菩薩為一面二臂。頭戴五葉冠，葫蘆形髮髻，耳後有束髮繒帶，寂靜相。袒露上身，肩披帛帶，佩飾項鍊、臂釧、手鐲、腳鐲。左手掌心朝上置腿上；右手施說法印，並執蓮花莖，蓮花置於右身側，花心上托太陽。右舒坐於圓邊三角形覆蓮底座上，底座正面下沿刻「除諸障菩薩」名稱。供於西壁第一層第十龕。

圖 25　慈氏菩薩

圖 26 文殊菩薩

圖 28 觀世音菩薩

圖 27 普賢菩薩

圖 29 除諸障菩薩

圖30　地藏菩薩
Kṣitigarbha

通高 13.3 公分，底座寬 11 公分。

F1Sf：11（故 199888 11/121）

菩薩為一面二臂。頭戴五葉冠，葫蘆形髮髻，
耳後有束髮繒帶，寂靜相。袒露上身，肩披帛
帶，佩飾項鍊、臂釧、手鐲、腳鐲。左手施與
願印；右手施說法印，並執蓮花莖，蓮花置於
右身側，花心上托摩尼寶珠。右舒坐於圓邊三
角形覆蓮底座上，底座正面下沿刻「地藏菩薩」
名稱。供於西壁第一層第十一龕。

圖31　手持金剛菩薩
Vajrapāṇi

通高 13.5 公分，底座寬 11 公分。

F1Sf：12（故 199888 12/121）

菩薩為一面二臂。頭戴五葉冠，葫蘆形髮髻，
耳後有束髮繒帶，寂靜相。袒露上身，肩披帛
帶，佩飾項鍊、臂釧、手鐲、腳鐲。雙手於胸
前施轉法輪印，並各執一蓮花莖，蓮花置於雙
肩，左肩蓮花花心上托金剛鈴，右肩蓮花花心
上托金剛杵，金剛杵佚失。右舒坐於圓邊三
角形覆蓮底座上，底座正面下沿刻「手持金剛菩
薩」名稱。供於西壁第一層第十二龕。

圖32　虛空藏菩薩
Ākāśagarbha

通高 13.3 公分，底座寬 11 公分。

F1Sf：13（故 199888 13/121）

菩薩為一面二臂。頭戴五葉冠，葫蘆形髮髻，
耳後有束髮繒帶，寂靜相。袒露上身，肩披帛
帶，佩飾項鍊、臂釧、手鐲、腳鐲。左手施與
願印，右手施無畏印。右身側蓮花花心上托月
牙。右舒坐於圓邊三角形覆蓮底座上，底座正
面下沿刻「虛空藏菩薩」名稱。供於西壁第一
層第十三龕。

圖30　虛空藏菩薩

圖31　手持金剛菩薩

圖 32　地藏菩薩

圖 33　紅焰帝幢王佛

Indraketudh-vajarāja

通高 16 公分，底座寬 13 公分。

F1Sf：14（故 199888 14/121）

佛為一面二臂。螺髮高髻，寂靜相。身著袒右肩式袈裟，右肩搭覆袈裟一角。左手施禪定印，右手持傘。全跏趺坐於圓邊三角形覆蓮底座上，底座正面下沿刻「紅焰帝幢王佛」名稱。供於西壁第二層第一龕。

圖 34　解積佛

Muktiskandha

通高 16 公分，底座寬 13 公分。

F1Sf：15（故 199888 15/121）

佛為一面二臂。螺髮高髻，寂靜相。身著通肩式袈裟。雙手施禪定印。全跏趺坐於圓邊三角形覆蓮底座上，底座正面下沿刻「解積佛」名稱。供於西壁第二層第二龕。

圖 35　明照佛

Vairocana

通高 16.5 公分，底座寬 13.5 公分。

F1Sf：16（故 199888 17/121）

佛為一面二臂。螺髮高髻，寂靜相。身著袒右肩式袈裟，右肩搭覆袈裟一角。左手施禪定印，右手施無畏印。全跏趺坐於圓邊三角形覆蓮底座上，底座正面下沿刻「明照佛」名稱。供於西壁第二層第三龕。

圖 36　精進喜佛

Vīranandin

通高 16 公分，底座寬 13.3 公分。

F1Sf：17（故 199888 18/121）

佛為一面二臂。螺髮高髻，寂靜相。身著袒右肩式袈裟，右肩搭覆袈裟一角。雙手於胸前施轉法輪印。全跏趺坐於圓邊三角形覆蓮底座上，底座正面下沿刻「精進喜佛」名稱。供於西壁第二層第四龕。

圖 37　寶火佛

Ratnaśrī

通高 16 公分，底座寬 13 公分。

F1Sf：18（故 199888 19/121）

佛為一面二臂。螺髮高髻，寂靜相。身著袒右肩式袈裟。左手施禪定印，右手施觸地印。全跏趺坐於圓邊三角形覆蓮底座上，底座正面下沿刻「寶火佛」名稱。供於西壁第二層第五龕。

圖 33　紅焰帝幢王佛

圖34　解積佛

圖36　精進喜佛

圖35　明照佛

圖37　寶火佛

圖 38　寶月佛

Ratnacandra

通高 16 公分，底座寬 13.3 公分。

F1Sf：19（故 199888 20/121）

佛為一面二臂。螺髮高髻，寂靜相。身著袒右
肩式袈裟，右肩搭覆袈裟一角。雙手於胸前施
說法印。全跏趺坐於圓邊三角形覆蓮底座上，
底座正面下沿刻「寶月佛」名稱。供於西壁第
二層第六龕。

圖 39　無垢佛

Nirmala

通高 16 公分，底座寬 12.4 公分。

F1Sf：20（故 199888 21/121）

佛為一面二臂。螺髮高髻，寂靜相。身著袒右
肩式袈裟，右肩搭覆袈裟一角。雙手施禪定印。
全跏趺坐於圓邊三角形覆蓮底座上，底座正面
下沿刻「無垢佛」名稱。供於西壁第二層第七
龕。

圖 40　華氏佛

Kusuma the second

通高 16 公分，底座寬 13.5 公分。

F1Sf：21（故 199888 22/121）

佛為一面二臂。螺髮高髻，寂靜相。身著通肩
式袈裟。左手施禪定印，右手施無畏印。全跏
趺坐於圓邊三角形覆蓮底座上，底座正面下沿
刻「華氏佛」名稱。供於西壁第二層第八龕。

圖 38　寶月佛

圖 39　無垢佛

圖 40　華氏佛

圖 41 大手佛

圖 42 勇施佛

圖 41 大手佛

Mahābāhu

通高 15.9 公分，底座寬 13.4 公分。

F1Sf：22（故 199888 23/121）

佛為一面二臂。螺髮高髻，寂靜相。身著袒右
肩式袈裟。左手施禪定印，右手施與願印。全
跏趺坐於圓邊三角形覆蓮底座上，底座正面下
沿刻「大手佛」名稱。供於西壁第二層第九龕。

圖 42 勇施佛

Śūradatta

通高 15.9 公分，底座寬 13 公分。

F1Sf：23（故 199888 24/121）

佛為一面二臂。螺髮高髻，寂靜相。身著袒右
肩式袈裟。左手施禪定印，右手施觸地印。全
跏趺坐於圓邊三角形覆蓮底座上，底座正面下
沿刻「勇施佛」名稱。供於西壁第二層第十龕。

圖 43　寶月光佛

圖 44　現無愚佛

圖 43　寶月光佛

Ratnacandraprabha

通高 16.5 公分，底座寬 13.4 公分。

F1Sf：24（故 199888 25/121）

佛為一面二臂。螺髮高髻，寂靜相。身著袒右肩式袈裟，右肩搭覆袈裟一角。左手施禪定印，右手施觸地印。全跏趺坐於圓邊三角形覆蓮底座上，底座正面下沿刻「寶月光佛」名稱。供於西壁第二層第十一龕。

圖 44　現無愚佛

Amoghadarśin

通高 16 公分，底座寬 13 公分。

F1Sf：25（故 199888 26/121）

佛為一面二臂。螺髮高髻，寂靜相。身著袒右肩式袈裟，右肩搭覆袈裟一角。左手施禪定印，右手掌平伸置膝上。全跏趺坐於圓邊三角形覆蓮底座上，底座正面下沿刻「現無愚佛」名稱。供於西壁第二層第十二龕。

圖 45　宗喀巴

bTsong kha pa

通高 20 公分，底座寬 15.5 公分。

F1Sf：26（故 199888 16/121）

祖師為一面二臂。頭戴尖頂通人冠，寂靜相。內著右袒僧衣，外披袒右肩式袈裟，右肩搭覆袈裟一角。雙手於胸前施轉法輪印，並各執一蓮花莖；蓮花置於雙肩，左肩蓮花花心上托經卷，右肩蓮花花心上托寶劍。全跏趺坐於圓邊三角形覆蓮底座上，底座正面下沿刻「宗喀巴」名稱。供於西壁第三層第一龕。

圖 46　牟尼佛

Muni

通高 19.5 公分，底座寬 15.5 公分。

F1Sf：27（故 199888 46/121）

佛為一面二臂。螺髮高髻，寂靜相。身著袒右肩式袈裟。左手施禪定印，右手施觸地印。全跏趺坐於圓邊三角形覆蓮底座上，底座正面下沿刻「牟尼佛」名稱。供於西壁第三層第二龕。

圖 47　妙華佛

Kusuma

通高 19.5 公分，底座寬 15.5 公分。

F1Sf：28（故 199888 47/121）

佛為一面二臂。螺髮高髻，寂靜相。身著通肩式袈裟。雙手施禪定印。全跏趺坐於圓邊三角形覆蓮底座上，底座正面下沿刻「妙華佛」名稱。供於西壁第三層第三龕。

圖 48　釋迦牟尼佛

Śākyamuni

通高 19 公分，底座寬 15.5 公分。

F1Sf：29（故 199888 48/121）

佛為一面二臂。螺髮高髻，寂靜相。身著袒右肩式袈裟。左手施禪定印，右手施觸地印。全跏趺坐於圓邊三角形覆蓮底座上，底座正面下沿刻「釋迦牟尼佛」名稱。供於西壁第三層第四龕。

圖 49　金剛不壞佛

Vajrapramardin

通高 19.5 公分，底座寬 15.5 公分。

F1Sf：30（故 199888 49/121）

佛為一面二臂。螺髮高髻，寂靜相。身著袒右肩式袈裟，右肩搭覆袈裟一角。雙手於胸前施轉法輪印。全跏趺坐於圓邊三角形覆蓮底座上，底座正面下沿刻「金剛不壞佛」名稱。供於西壁第三層第五龕。

圖 45　宗喀巴

圖 46 牟尼佛

圖 48 釋迦牟尼佛

圖 47 妙華佛

圖 49 金剛不壞佛

圖 50　寶光佛

Ratnārcis

通高 19 公分，底座寬 16 公分。

F1Sf：31（故 199888 50/121）

佛為一面二臂。螺髮高髻，寂靜相。身著袒右肩式袈裟。雙手施禪定印。全跏趺坐於圓邊三角形覆蓮底座上，底座正面下沿刻「寶光佛」名稱。供於西壁第三層第六龕。

圖 51　龍尊王佛

Nāgeśvararāja

通高 19.5 公分，底座寬 15.5 公分。

F1Sf：32（故 199888 51/121）

佛為一面二臂。螺髮高髻，寂靜相。身著袒右肩式袈裟。雙手各施期克印。全跏趺坐於圓邊三角形覆蓮底座上，底座正面下沿刻「龍尊王佛」名稱。供於西壁第三層第七龕。

圖 52　精進軍佛

Vīrasena

通高 19.5 公分，底座寬 15.5 公分。

F1Sf：33（故 199888 52/121）

佛為一面二臂。螺髮高髻，寂靜相。身著袒右肩式袈裟，右肩搭覆袈裟一角。左手施禪定印，右手伸掌置膝上。全跏趺坐於圓邊三角形覆蓮底座上，底座正面下沿刻「精進軍佛」名稱。供於西壁第三層第八龕。

圖 53　明焰佛

Pradyota

通高 19.5 公分，底座寬 15.5 公分。

F1Sf：34（故 199888 53/121）

佛為一面二臂。螺髮高髻，寂靜相。身著袒右肩式袈裟，右肩搭覆袈裟一角。左手施禪定印，右手施與願印。全跏趺坐於圓邊三角形覆蓮底座上，底座正面下沿刻「明焰佛」名稱。供於西壁第三層第九龕。

圖 54　獅子佛

Siṃha

通高 19.5 公分，底座寬 15.5 公分。

F1Sf：35（故 199888 54/121）

佛為一面二臂。螺髮高髻，寂靜相。身著袒右肩式袈裟。雙手於胸前施根本印。全跏趺坐於圓邊三角形覆蓮底座上，底座正面下沿刻「獅子佛」名稱。供於西壁第三層第十龕。

圖 50　寶光佛

50

圖 51　龍尊王佛

圖 53　明焰佛

圖 52　精進軍佛

圖 54　獅子佛

圖 55 密拉祖

Mi la ras pa

通高 19.5 公分，底座寬 16 公分。

F1Sf：36（故 199888 55/121）

即米拉日巴。一面二臂。披長髮，嘴張開作歌唱狀，右手置於耳邊作傾聽狀。身披袒右肩式袈裟，右腳腕與左肩之間繫禪定帶，坐在上鋪獸皮的梯形底座之上，體現出其苦修的形象。左腿後方置一盛滿顱血的嘎巴拉碗。底座正面下沿刻「密拉祖」名稱。供於西壁第三層第十一龕。

圖 56 妙目佛

Sunetra

通高 16 公分，底座寬 13.3 公分。

F1Sf：37（故 199888 27/121）

佛為一面二臂。螺髮高髻，寂靜相。身披袒右肩式袈裟，右肩搭覆袈裟一角。雙手於胸前施根本印。全跏趺坐於圓邊三角形覆蓮底座上，底座正面下沿刻「妙目佛」名稱。供於西壁第四層第一龕。

圖 57 導師佛

Sārthavāha

通高 16 公分，底座寬 13.3 公分。

F1Sf：38（故 199888 28/121）

佛為一面二臂。螺髮高髻，寂靜相。身著袒右肩式袈裟。左手施禪定印，右手施觸地印。全跏趺坐於圓邊三角形覆蓮底座上，底座正面下沿刻「導師佛」名稱。供於西壁第四層第二龕。

圖 58 善遊步功德佛

Suvikrāntaśrī

通高 16 公分，底座寬 13 公分。

F1Sf：39（故 199888 36/121）

佛為一面二臂。螺髮高髻，寂靜相。身著袒右肩式袈裟，右肩搭覆袈裟一角。左手施禪定印，右手持寶劍。全跏趺坐於圓邊三角形覆蓮底座上，底座正面下沿刻「善遊步功德佛」名稱。供於西壁第四層第三龕。

圖 59 大光佛

Mahāprabha

通高 16.4 公分，底座寬 13 公分。

F1Sf：40（故 199888 37/121）

佛為一面二臂。螺髮高髻，寂靜相。身著袒右肩式袈裟。左手施禪定印，右手施與願印。全跏趺坐於圓邊三角形覆蓮底座上，底座正面下沿刻「大光佛」名稱。供於西壁第四層第四龕。

圖 55　密拉祖

圖 56　妙目佛

圖 58　善遊步功德佛

圖 57　導師佛

圖 59　大光佛

圖 60　善名稱功德佛　　　　　　　　　　　圖 61　蓮花光遊戲神通佛

圖 60　善名稱功德佛
Suparikīrtitanāmadheyaśrī

通高 16.4 公分，底座寬 13 公分。

F1Sf：41（故 199888 38／121）

佛為一面二臂。螺髮高髻，寂靜相。身著袒右
肩式袈裟。左手施禪定印，右手施無畏印。全
跏趺坐於圓邊三角形覆蓮底座上，底座正面下
沿刻「善名稱功德佛」名稱。供於西壁第四層
第五龕。

圖 61　蓮花光遊戲神通佛
Padmajyotirvikrīḍitābhijña

通高 16.5 公分，底座寬 13 公分。

F1Sf：42（故 199888 39／121）

佛為一面二臂。螺髮高髻，寂靜相。身著袒右
肩式袈裟。左手施禪定印，右手施觸地印。全
跏趺坐於圓邊三角形覆蓮底座上，底座正面下
沿刻「蓮花光遊戲神通佛」名稱。供於西壁第
四層第六龕。

圖 62　功德華佛　　　　　　　　　　　　　　　圖 63　財功德佛

圖 62　功德華佛

Kusumaśrī

<u>通高 16.3 公分，底座寬 13 公分。</u>

F1Sf：43（<u>故 199888 40/121</u>）

佛為一面二臂。螺髮高髻，寂靜相。身著袒右肩式袈裟。左手施禪定印，右手掌伸開置膝上。全跏趺坐於圓邊三角形覆蓮底座上，底座正面下沿刻「功德華佛」名稱，供於西壁第四層第七龕。

圖 63　財功德佛

Dhanaśrī

<u>通高 16 公分，底座寬 13 公分。</u>

F1Sf：44（<u>故 199888 41/121</u>）

佛為一面二臂。螺髮高髻，寂靜相。身著袒右肩式袈裟，右肩搭覆袈裟一角。雙手施禪定印。全跏趺坐於圓邊三角形覆蓮底座上，底座正面下沿刻「財功德佛」名稱，供於西壁第四層第八龕。

圖 64　德念佛

Smṛtiśrī

通高 16 公分，底座寬 13 公分。

F1Sf：45（故 199888 42／121）

佛為一面二臂。螺髮高髻，寂靜相。身著袒右
肩式袈裟。雙手施禪定印。全跏趺坐於圓邊三
角形覆蓮底座上，底座正面下沿刻「德念佛」
名稱。供於西壁第四層第九龕。

圖 65　清淨佛

Brahman

通高 16 公分，底座寬 13 公分。

F1Sf：46（故 199888 43／121）

佛為一面二臂。螺髮高髻，寂靜相。身著袒右
肩式袈裟，右肩搭覆袈裟一角。雙手施轉法輪
印。全跏趺坐於圓邊三角形覆蓮底座上，底座
正面下沿刻「清淨佛」名稱。供於西壁第四層
第十龕。

圖 66　清淨光遊戲神通佛

Brahmajyotirvikrīḍitābhijña

通高 16.5 公分，底座寬 13 公分。

F1Sf：47（故 199888 44／121）

佛為一面二臂。螺髮高髻，寂靜相。身著袒右
肩式袈裟。左手施禪定印，右手施觸地印。全
跏趺坐於圓邊三角形覆蓮底座上，底座正面下
沿刻「清淨光遊戲神通佛」名稱。供於西壁第
四層第十一龕。

圖 64　德念佛

圖 65　清淨佛

圖 66　清淨光遊戲神通佛

圖 67　日藏佛

Sūryagarbha

通高 16.5 公分，底座寬 13 公分。

F1Sf：48（故 199888 45/121）

佛為一面二臂。螺髮高髻，寂靜相。身著袒右
肩式袈裟，右肩搭覆袈裟一角。雙手於胸前施
寶印。全跏趺坐於圓邊三角形覆蓮底座上，底
座正面下沿刻「日藏佛」名稱。供於西壁第四
層第十二龕。

圖 68　明燈佛

Pradīpa

通高 13.4 公分，底座寬 11 公分。

F1Sf：49（故 199888 29/121）

佛為一面二臂。螺髮高髻，寂靜相。身著通肩
式袈裟。雙手於胸前施寶印。全跏趺坐於圓邊
三角形覆蓮底座上，底座正面下沿刻「明燈佛」
名稱。供於西壁第五層第一龕。

圖 69　觀義佛

Arthadarśin

通高 13 公分，底座寬 11 公分。

F1Sf：50（故 199888 30/121）

佛為一面二臂。螺髮高髻，寂靜相。身著袒右
肩式袈裟。左手施禪定印，右手施無畏印。全
跏趺坐於圓邊三角形覆蓮底座上，底座正面下
沿刻「觀義佛」名稱。供於西壁第五層第二龕。

圖 67　日藏佛

圖 68　明燈佛

圖 69　觀義佛

59

圖 70　禪定顯聖王佛

Dhyānābhyudgatarāja

通高 13.3 公分，底座寬 11 公分。

F1Sf：51（故 199888 31／121）

佛為一面二臂。螺髮高髻，寂靜相。身著袒右肩式袈裟，右肩搭覆袈裟一角。雙手於胸前施轉法輪印。全跏趺坐於圓邊三角形覆蓮底座上，底座正面下沿刻「禪定顯聖王佛」名稱。供於西壁第五層第三龕。

圖 71　除煩惱佛

Bhinnakleśa

通高 13.2 公分，底座寬 10.5 公分。

F1Sf：52（故 199888 32／121）

佛為一面二臂。螺髮高髻，寂靜相。身著袒右肩式袈裟。雙手於胸前施根本印。全跏趺坐於圓邊三角形覆蓮底座上，底座正面下沿刻「除煩惱佛」名稱。供於西壁第五層第四龕。

圖 72　寶傘勝光佛

Ratnacchattrodgataprabha

通高 13.4 公分，底座寬 10.2 公分。

F1Sf：53（故 199888 33／121）

佛為一面二臂。螺髮高髻，寂靜相。身著袒右肩式袈裟。雙手舉傘，傘面捆紮未張開。全跏趺坐於圓邊三角形覆蓮底座上，底座正面下沿刻「寶傘勝光佛」名稱。供於西壁第五層第五龕。

圖 73　不廻吉祥輪佛

Avaivartikaśrīcakra

通高 13 公分，底座寬 11 公分。

F1Sf：54（故 199888 34／121）

佛為一面二臂。螺髮高髻，寂靜相。身著袒右肩式袈裟，右肩搭覆袈裟一角。左手掌平伸置足上，右手托法輪。全跏趺坐於圓邊三角形覆蓮底座上，底座正面下沿刻「不廻吉祥輪佛」名稱。供於西壁第五層第六龕。

圖 74　善滅魔障佛

joms（？）

通高 13 公分，底座寬 11 公分。

F1Sf：55（故 199888 35／121）

佛為一面二臂。螺髮高髻，寂靜相。身著袒右肩式袈裟。雙手舉蓋。全跏趺坐於圓邊三角形覆蓮底座上，底座正面下沿刻「善滅魔障佛」名稱。供於西壁第五層第七龕。

圖 70　禪定顯聖王佛

圖 71　除煩惱佛

圖 73　不廻吉祥輪佛

圖 72　寶傘勝光佛

圖 74　善滅魔障佛

圖 75　寶身光輝佛

Rathāṅgadyuti

通高 13 公分，底座寬 11 公分。

F1Sf：56（故 199888 56/121）

佛為一面二臂。螺髮高髻，寂靜相。身著通肩式袈裟。雙手施禪定印。全跏趺坐於圓邊三角形覆蓮底座上，底座正面下沿刻「寶身光輝佛」名稱。供於西壁第五層第八龕。

圖 76　善滅淨傲佛

vKhon-dang（？）rgyags pa rnam gnon

通高 13 公分，底座寬 11 公分。

F1Sf：57（故 199888 57/121）

佛為一面二臂。螺髮高髻，寂靜相。身著袒右肩式袈裟。左手施禪定印，右手施與願印。全跏趺坐於圓邊三角形覆蓮底座上，底座正面下沿刻「善滅淨傲佛」名稱。供於西壁第五層第九龕。

圖 77　顯聖王佛

Abhyudgatarāja

通高 13 公分，底座寬 11 公分。

F1Sf：58（故 199888 58/121）

佛為一面二臂。螺髮高髻，寂靜相。身著袒右肩式袈裟。左手施禪定印，右手施觸地印。全跏趺坐於圓邊三角形覆蓮底座上，底座正面下沿刻「顯聖王佛」名稱。供於西壁第五層第十龕。

圖 78　妙醫佛

Vaidya

通高 13 公分，底座寬 10.3 公分。

F1Sf：59（故 199888 59/121）

佛為一面二臂。螺髮高髻，寂靜相。身著袒右肩式袈裟。左手施禪定印，右手施與願印。全跏趺坐於圓邊三角形覆蓮底座上，底座正面下沿刻「妙醫佛」名稱。供於西壁第五層第十一龕。

圖 79　勢成佛

Prabhūta

通高 13 公分，底座寬 10.2 公分。

F1Sf：60（故 199888 60/121）

佛為一面二臂。螺髮高髻，寂靜相。身著袒右肩式袈裟，右肩搭覆袈裟一角。左手施禪定印，右手施觸地印。全跏趺坐於圓邊三角形覆蓮底座上，底座正面下沿刻「勢成佛」名稱。供於西壁第五層第十二龕。

圖 80　一室東壁佛格

圖 75　寶身光輝佛

圖 76　善滅諍傲佛

圖 78　妙醫佛

圖 77　顯聖王佛

圖 79　勢成佛

圖 80　一室東壁佛格

一室東壁佛格佛像

圖 81　光德佛

Prabhāsaśrī

通高 13 公分，底座寬 11 公分。

F1Sf：61（故 199888 61/121）

佛為一面二臂。螺髮高髻，寂靜相。身著袒右肩式袈裟。雙手施手印，左手放入右手掌心。全跏趺坐於圓邊三角形覆蓮底座上，底座正面下沿刻「光德佛」名稱。供於東壁第一層第一龕。

圖 82　栴檀功德佛

Candanaśrī

通高 13.5 公分，底座寬 11.2 公分。

F1Sf：62（故 199888 62/121）

佛為一面二臂。螺髮高髻，寂靜相。身著袒右肩式袈裟。左手施禪定印，右手施觸地印。全跏趺坐於圓邊三角形覆蓮底座上，底座正面下沿刻「栴檀功德佛」名稱。供於東壁第一層第二龕。

圖 81　光德佛

圖 82　栴檀功德佛

圖83 無量掬光佛

Anataujas

通高 13.5 公分，底座寬 11.2 公分。

F1Sf：63（故 199888 63/121）

佛為一面二臂。螺髮高髻，寂靜相。身著袒右
肩式袈裟，右肩搭覆袈裟一角。雙手於胸前施
轉法輪印。全跏趺坐於圓邊三角形覆蓮底座上，
底座正面下沿刻「無量掬光佛」名稱。供於東
壁第一層第三龕。

圖84 水天中天佛

Varuṇadeva

通高 13.1 公分，底座寬 11 公分。

F1Sf：64（故 199888 64/121）

佛為一面二臂。螺髮高髻，寂靜相。身著袒右
肩式袈裟，右肩搭覆袈裟一角。雙手於胸前施
轉法輪印。全跏趺坐於圓邊三角形覆蓮底座上，
底座正面下沿刻「水天中天佛」名稱。供於東
壁第一層第四龕。

圖 83　無量掬光佛

圖 84　水天中天佛

圖 85　清淨施佛

Brahmadatta

通高 13.5 公分，底座寬 11.2 公分。

F1Sf：65（故 199888 65/121）

佛為一面二臂。螺髮高髻，寂靜相。身著袒右肩式袈裟。雙手於胸前施轉法輪印。全跏趺坐於圓邊三角形覆蓮底座上，底座正面下沿刻「清淨施佛」名稱。供於東壁第一層第五龕。

圖 86　賢德佛

Bhadraśrī

通高 13.5 公分，底座寬 11 公分。

F1Sf：66（故 199888 66/121）

佛為一面二臂。螺髮高髻，寂靜相。身著袒右肩式袈裟，右肩搭覆袈裟一角。左手施無畏印，右手半伸置膝上。全跏趺坐於圓邊三角形覆蓮底座上，底座正面下沿刻「賢德佛」名稱。供於東壁第一層第六龕。

圖 87　水天佛

Varuṇa

通高 13.5 公分，底座寬 11 公分。

F1Sf：67（故 199888 67/121）

佛為一面二臂。螺髮高髻，寂靜相。身著袒右肩式袈裟。雙手施禪定印。全跏趺坐於圓邊三角形覆蓮底座上，底座正面下沿刻「水天佛」名稱。供於東壁第一層第七龕。

圖 85　清淨施佛

圖 86　賢德佛

圖 87　水天佛

圖 88　遊宿王佛

Nakṣatrarājavikrīḍita

通高 13.5 公分，底座寬 11 公分。

F1Sf：68（故 199888 68/121）

佛為一面二臂。螺髮高髻，寂靜相。身著袒右肩式袈裟。左手施禪定印，右手施無畏印。全跏趺坐於圓邊三角形覆蓮底座上，底座正面下沿刻「遊宿王佛」名稱。供於東壁第一層第八龕。

圖 89　名相佛

Yaśaḥketu

通高 13.5 公分，底座寬 11.2 公分。

F1Sf：69（故 199888 69/121）

佛為一面二臂。螺髮高髻，寂靜相。身著袒右肩式袈裟，右肩搭覆袈裟一角。左手施禪定印，右手施觸地印。全跏趺坐於圓邊三角形覆蓮底座上，底座正面下沿刻「名相佛」名稱。供於東壁第一層第九龕。

圖 90　大力佛

Mahābala

通高 13.5 公分，底座寬 11 公分。

F1Sf：70（故 199888 70/121）

佛為一面二臂。螺髮高髻，寂靜相。身著袒右肩式袈裟。雙手施住定印，兩手拇指相對。全跏趺坐於圓邊三角形覆蓮底座上，底座正面下沿刻「大力佛」名稱。供於東壁第一層第十龕。

圖 91　那羅延佛

Nārāyaṇa

通高 13.1 公分，底座寬 11.2 公分。

F1Sf：71（故 199888 71/121）

佛為一面二臂。螺髮高髻，寂靜相。身著袒右肩式袈裟。雙手於胸前施轉法輪印。全跏趺坐於圓邊三角形覆蓮底座上，底座正面下沿刻「那羅延佛」名稱。供於東壁第一層第十一龕。

圖 92　修藥佛

Oṣadhi

通高 13.6 公分，底座寬 11 公分。

F1Sf：72（故 199888 72/121）

佛為一面二臂。螺髮高髻，寂靜相。身著通肩式袈裟。雙手施奉送印。全跏趺坐於圓邊三角形覆蓮底座上，底座正面下沿刻「修藥佛」名稱。供於東壁第一層第十二龕。

圖 88　遊宿王佛

圖 89 名相佛

圖 91 那羅延佛

圖 90 大力佛

圖 92 修藥佛

圖 93　無憂德佛

圖 94　獅吼佛

圖 93　無憂德佛

Aśokaśrī

通高 13.1 公分，底座寬 11.1 公分。

F1Sf：73（故 199888 73/121）

佛為一面二臂。螺髮高髻，寂靜相。身著通肩
式袈裟。雙手施禪定印，兩手拇指相對。全跏
趺坐於圓邊三角形覆蓮底座上，底座正面下沿
刻「無憂德佛」名稱。供於東壁第一層第十三
龕。

圖 94　獅吼佛

Siṃhanāda

通高 16.3 公分，底座寬 13.2 公分。

F1Sf：74（故 199888 74/121）

佛為一面二臂。螺髮高髻，寂靜相。身著祖右
肩式袈裟。左手施禪定印，並托一鉢，鉢中盛
須彌山；右手施觸地印。全跏趺坐於圓邊三角
形覆蓮底座上，底座正面下沿刻「獅吼佛」名
稱。供於東壁第二層第一龕。

圖 95　阿資達尊者

圖 96　昂機達尊者

圖 95　阿資達尊者
Ajita

通高 16.5 公分，底座長 13 公分，寬 9.3 公分。

F1Sf：75（故 199888 75／121）

尊者為一老者形像。一面二臂。戴頭巾，額上
三道皺紋，濃眉大眼，闊鼻長耳，濃密鬍鬚。
內著右衽僧衣，外披通肩式袈裟。雙手施禪定
印。全跏趺坐於梯形方座之上，方座正面下沿
刻「阿資達尊者」名稱。供於東壁第二層第二
龕。

圖 96　昂機達尊者
Aṅgaja

通高 16.3 公分，底座長 13.7 公分，寬 9.5 公分。

F1Sf：76（故 199888 76／121）

尊者為一長者比丘形像。一面二臂。額上三道
皺紋。身著袒右肩式袈裟，右肩搭覆袈裟一角。
左手持拂塵，右手提香爐。左舒坐於梯形方座
上，方座正面下沿刻「昂機達尊者」名稱。供
於東壁第二層第三龕。

圖 97　拔那巴斯尊者

Vanavāsin

通高 16 公分，底座長 14 公分，寬 9.3 公分。

F1Sf：77（故 199888 77/121）

尊者為一年輕比丘形像。一面二臂。內著右衽
僧衣，外披袒右肩式袈裟，右肩搭覆袈裟一角。
左手持拂塵，右手施說法印。半跏趺坐於梯形
方座上，方座正面下沿刻「拔那巴斯尊者」名
稱。供於東壁第二層第四龕。

圖 98　拔匝哩補達喇尊者

Vajrīputra

通高 16 公分，底座長 13.3 公分，寬 9.4 公分。

F1Sf：78（故 199888 78/121）

尊者為一年輕比丘形像。一面二臂。身著袒右
肩式袈裟，右肩搭覆袈裟一角。左手持拂塵，
右手施說法印。左舒坐於梯形方座上，方座正
面下沿刻「拔匝哩補達喇尊者」名稱。供於東
壁第二層第五龕。

圖 97　拔那巴斯尊者

圖 98　拔匝哩補達喇尊者

圖 99　拔達喇尊者

Bhadra

通高 16 公分，底座長 13.7 公分，寬 9.5 公分。

F1Sf：79（故 199888 79/121）

尊者為一長者比丘形象。一面二臂。額上四道
皺紋。身著袒右肩式袈裟，右肩搭覆袈裟一角。
左手施禪定印，右手施說法印。全跏趺坐於梯
形方座上，方座正面下沿刻「拔達喇尊者」名
稱。供於東壁第二層第六龕。

圖 100　嘎那嘎幹斯尊者

Kanakavatsa

通高 16 公分，底座長 13.5 公分，寬 9.5 公分。

F1Sf：80（故 199888 80/121）

尊者為一長者比丘形像。一面二臂。額頭有皺
紋。身著袒右肩式袈裟。雙手持細繩，繩一端
為鐵環，一端為拂塵。左舒坐於梯形方座上，
方座正面下沿刻「嘎那嘎幹斯尊者」名稱。供
於東壁第二層第七龕。

圖 99　拔達喇尊者

圖 100　嘎那嘎幹斯尊者

圖 101　嘎禮嘎尊者　　　　　　　　　　　　　　　　　　　　　　　　　　圖 102　舍利佛

圖 101　嘎禮嘎尊者
Kālika

通高 16 公分，底座長 13.9 公分，寬 9.6 公分

F1Sf：81（故 199888 81／121）

尊者為一年輕比丘形像。一面二臂。內著右衽
僧衣，外披袒右肩式袈裟，右肩搭覆袈裟一角。
雙手各施說法印，並各執一圓環，環上拴蓮花
型飾物。坐於梯形方座上，方座正面下沿刻「嘎
禮嘎尊者」名稱。供於東壁第二層第八龕。

圖 102　舍利佛
Śāriputra

通高 15.8 公分，底座長 13.6 公分，寬 9.3 公分。

F1Sf：82（故 199888 82／121）

尊者為一年輕比丘形像。一面二臂。身著袒右
肩式袈裟。左手持一串念珠，右手施無畏印。
右舒坐於梯形方座上，方座正面下沿刻「舍利
佛」名稱。供於東壁第二層第九龕。

圖 103　迦咀延　　　　　　　　　　　　　　　　　　　圖 104　目建連

圖 103　迦咀延

Kātyāyana

通高 15.8 公分，底座長 13.5 公分，寬 9.3 公分。

F1Sf：83（故 199888 83／121）

尊者為一長者比丘形像。一面二臂。額頭有皺
紋。身著祖右肩式袈裟。左手施無畏印，右手
施與願印。半跏趺坐於梯形方座上，方座正面
下沿刻「迦咀延」名稱。供於東壁第二層第十
龕。

圖 104　目建連

Maudgalyāyana

通高 15.8 公分，底座長 13.6 公分，寬 9.4 公分。

F1Sf：84（故 199888 84／121）

尊者為一年輕比丘形像。一面二臂。身著祖右
肩式袈裟，右肩搭覆袈裟一角。左手施說法印，
右手托一疊樹葉。左舒坐於梯形方座上，方座
正面下沿刻「目建連」名稱。供於東壁第二層
第十龕。

圖 105　迦舍

Kāśyapa

通高 15.8 公分，底座長 13.5 公分，寬 9.2 公分。

F1Sf：85（故 199888 85/121）

尊者為一年輕比丘形像。一面二臂。身著袒右
肩式袈裟。左手托梵篋，右手施說法印。全跏
趺坐於梯形方座上，方座正面下沿刻「迦舍」
名稱。供於東壁第二層第十二龕。

圖 106　無憂佛

Aśoka

通高 19.5 公分，底座寬 15.3 公分。

F1Sf：86（故 199888 86/121）

佛為一面二臂。螺髮高髻，寂靜相。身著通肩
式袈裟。左手施禪定印，右手施無畏印。全跏
趺坐於圓邊三角形覆蓮底座上，底座正面下沿
刻「無憂佛」名稱。供於東壁第三層第一龕。

圖 107　妙光佛

Suprabha

通高 19.5 公分，底座寬 15.5 公分。

F1Sf：87（故 199888 87/121）

佛為一面二臂。螺髮高髻，寂靜相。身著袒右
肩式袈裟。雙手施禪定印。全跏趺坐於圓邊三
角形覆蓮底座上，底座正面下沿刻「妙光佛」
名稱。供於東壁第三層第二龕。

圖 105　迦舍

圖 106　無憂佛

圖 107　妙光佛

圖 108　光焰佛

Arciṣmat

<u>通高 20 公分，底座寬 15 公分。</u>

F1Sf：88（故 199888 88／121）

佛為一面二臂。螺髮高髻，寂靜相。身著袒右
肩式袈裟。左手施禪定印；右手拇指與食指相
觸，施安慰印。全跏趺坐於圓邊三角形覆蓮底
座上，底座正面下沿刻「光焰佛」名稱。供於
東壁第三層第三龕。

圖 108　光焰佛

80

圖 109　寶生佛

Ratnasaṃbhava

通高 19.5 公分，底座寬 15 公分。

F1Sf：89（故 199888 89/121）

佛為一面二臂。螺髮高髻，寂靜相。身著袒右
肩式袈裟，右肩搭覆袈裟一角。左手施禪定印，
右手施與願印。全跏趺坐於圓邊三角形覆蓮底
座上，底座正面下沿刻「寶生佛」名稱。供於
東壁第三層第四龕。

圖 110　燃燈佛

Dīpaṃkara

通高 19.5 公分，底座寬 15.5 公分。

F1Sf：90（故 199888 90/121）

佛為一面二臂。螺髮高髻，寂靜相。身著袒右
肩式袈裟，右肩搭覆袈裟一角。雙手於胸前施
轉法輪印。全跏趺坐於圓邊三角形覆蓮底座上，
底座正面下沿刻「燃燈佛」名稱。供於東壁第
三層第五龕。

圖 109　寶生佛

圖 110　燃燈佛

圖 111　達賴喇嘛
Dalai Lama

通高 19.5 公分，底座長 16 公分，寬 11 公分。

F1Sf：91（故 199888 91/121）

喇嘛為一面二臂。頭戴尖頂通人冠，寂靜相。內著右衽僧衣，外披袒右肩式袈裟，右手搭覆袈裟一角。左手施禪定印，並托梵篋；右手執蓮花莖，蓮花置於右肩。全跏趺坐於梯形方座上，方座正面下沿刻「達賴喇嘛」名稱。供於東壁第三層第六龕。

圖 112　阿彌陀佛
Amitābha

通高 19.5 公分，底座寬 15.1 公分。

F1Sf：92（故 199888 92/121）

佛為一面二臂。螺髮高髻，寂靜相。身著袒右肩式袈裟。雙手施禪定印。全跏趺坐於圓邊三角形覆蓮底座上，底座正面下沿刻「阿彌陀佛」名稱。供於東壁第三層第七龕。

圖 113　月相佛
Candraketu

通高 19.5 公分，底座寬 15.3 公分。

F1Sf：93（故 199888 93/121）

佛為一面二臂。螺髮高髻，寂靜相。身著袒右肩式袈裟，右肩搭覆袈裟一角。左手施禪定印，右手施觸地印。全跏趺坐於圓邊三角形覆蓮底座上，底座正面下沿刻「月相佛」名稱。供於東壁第三層第八龕。

圖 114　成就佛
Amoghasiddhi

通高 19.5 公分，底座寬 15.3 公分。

F1Sf：94（故 199888 94/121）

佛為一面二臂。螺髮高髻，寂靜相。身著袒右肩式袈裟，右肩搭覆袈裟一角。左手施禪定印，右手施無畏印。全跏趺坐於圓邊三角形覆蓮底座上，底座正面下沿刻「成就佛」名稱。供於東壁第三層第九龕。

圖 115　持山王佛
Parvatadhararāja

通高 19.5 公分，底座寬 15.3 公分。

F1Sf：95（故 199888 95/121）

佛為一面二臂。螺髮高髻，寂靜相。身著袒右肩式袈裟，右肩搭覆袈裟一角。左手施禪定印，並托須彌山；右手施觸地印。全跏趺坐於圓邊三角形覆蓮底座上，底座正面下沿刻「持山王佛」名稱。供於東壁第三層第十龕。

圖 111　達賴喇嘛

82

圖 112　阿彌陀佛

圖 114　成就佛

圖 113　月相佛

圖 115　持山王佛

圖 116　彌勒佛　　　　　　　　　　　　　　　　　　　　　圖 117　德光佛

圖 116　彌勒佛
Maitreya

通高 19.5 公分，底座寬 15.5 公分。

F1Sf：96（故 199888 96／121）

佛為一面二臂。螺髮高髻，寂靜相。身著袒右肩式袈裟，右肩搭覆袈裟一角。雙手於胸前施說法印。全跏趺坐於圓邊三角形覆蓮底座上，底座正面下沿刻「彌勒佛」名稱。供於東壁第三層第十一龕。

圖 117　德光佛
Guṇaprabha

通高 16 公分，底座寬 13 公分。

F1Sf：97（故 199888 97／121）

佛為一面二臂。螺髮高髻，寂靜相。身著袒右肩式袈裟。雙手施禪定印。全跏趺坐於圓邊三角形覆蓮底座上，底座正面下沿刻「德光佛」名稱。供於東壁第四層第一龕。

圖 118　焰明佛

圖 119　持珠佛

圖 118　焰明佛

Pradyota

通高 16 公分，底座寬 13 公分。

F1Sf：98（故 199888 98 / 121）

佛為一面二臂。螺髮高髻，寂靜相。身著袒右肩式袈裟，右肩搭覆袈裟一角。左手施禪定印，右手施觸地印。全跏趺坐於圓邊三角形覆蓮底座上。底座正面下沿刻「焰明佛」名稱，供於東壁第四層第二龕。

圖 119　持珠佛

Mālādhārin

通高 16 公分，底座寬 13 公分。

F1Sf：99（故 199888 99 / 121）

佛為一面二臂。螺髮高髻，寂靜相。身著袒右肩式袈裟。左手施禪定印，右手施與願印。全跏趺坐於圓邊三角形覆蓮底座上，底座正面下沿刻「持珠佛」名稱，供於東壁第四層第三龕。

圖 120　宿王佛

Tiṣya

通高 16 公分，底座寬 13 公分。

F1Sf：100（故 199888 100/121）

佛為一面二臂。螺髮高髻，寂靜相。身著袒右
肩式袈裟。雙手施外縛拳印。全跏趺坐於圓邊
三角形覆蓮底座上，底座正面下沿刻「宿王佛」
名稱。供於東壁第四層第四龕。

圖 121　法音如來佛

Dharmaghoṣa Tathāgata

通高 16 公分，底座寬 13 公分。

F1Sf：101（故 199888 101/121）

佛為一面二臂。螺髮高髻，寂靜相。身著袒右
肩式袈裟，右肩搭覆袈裟一角。雙手於胸前施
說法印。全跏趺坐於圓邊三角形覆蓮底座上，
底座正面下沿刻「法音如來佛」名稱。供於東
壁第四層第五龕。

圖 120　宿王佛

86

圖121　法音如來佛

圖 122　勝慧王如來佛

Agramatirāja

通高 16 公分，底座寬 13 公分。

F1Sf：102（故 199888 102/121）

佛為一面二臂。螺髮高髻，寂靜相。身著袒右肩式袈裟。左手施禪定印，右手施與願印。全跏趺坐於圓邊三角形覆蓮底座上，底座正面下沿刻「勝慧王如來佛」名稱。供於東壁第四層第六龕。

圖 123　隨應佛

Anucārin

通高 16 公分，底座寬 13 公分。

F1Sf：103（故 199888 103/121）

佛為一面二臂。螺髮高髻，寂靜相。身著袒右肩式袈裟。左手施禪定印，右手掌半伸置膝上。全跏趺坐於圓邊三角形覆蓮底座上，底座正面下沿刻「隨應佛」名稱。供於東壁第四層第七龕。

圖 122　勝慧王如來佛

圖 123　隨應佛

圖 124　無憂如來佛

Aśokottamaśrī（？）

通高 16.5 公分，底座寬 13 公分。

F1Sf：104（故 199888 104/121）

佛為一面二臂。螺髮高髻，寂靜相。身著通肩
式袈裟。雙手施禪定印。全跏趺坐於圓邊三角
形覆蓮底座上，底座正面下沿刻「無憂如來佛」
名稱。供於東壁第四層第八龕。

圖 124　無憂如來佛

圖 125　善名如來佛 　　　　　　　　　　　　圖 126　金色寶光如來佛

圖 125　善名如來佛
Suparikīrtitanāmadheyaśrī

通高 16.5 公分，底座寬 13.5 公分。

F1Sf：105（故 199888 105/121）

佛為一面二臂。螺髮高髻，寂靜相。身著袒右
肩式袈裟，右肩搭覆袈裟一角。左手施禪定印，
右手掌伸開置膝上。全跏趺坐於圓邊三角形覆
蓮底座上，底座正面下沿刻「善名如來佛」名
稱。供於東壁第四層第九龕。

圖 126　金色寶光如來佛
Suvarṇaratnaprabhā Tathāgata

通高 16.5 公分，底座寬 13.5 公分。

F1Sf：106（故 199888 106/121）

佛為一面二臂。螺髮高髻，寂靜相。身著袒右
肩式袈裟，右肩搭覆袈裟一角。雙手於胸前施
說法印。全跏趺坐於圓邊三角形覆蓮底座上，
底座正面下沿刻「金色寶光如來佛」名稱。供
於東壁第四層第十龕。

圖 127　光音如來佛　　　　　　　　　　　　圖 128　藥師如來佛

圖 127　光音如來佛
Ābhāsvara (?) Tathāgata

通高 16.3 公分，底座寬 13.8 公分。

F1Sf：107（故 199888 107／121）

佛為一面二臂。螺髮高髻，寂靜相。身著袒右
肩式袈裟，右肩搭覆袈裟一角。左手施禪定印，
右手施與願印。全跏趺坐於圓邊三角形覆蓮底
座上，座座正面下沿刻「光音如來佛」名稱。
供於東壁第四層第十一龕。

圖 128　藥師如來佛
Bhaiṣajyaguru Tathāgata

通高 16.5 公分，底座寬 13.5 公分。

F1Sf：108（故 199888 108／121）

佛為一面二臂。螺髮高髻，寂靜相。身著袒右
肩式袈裟。左手施禪定印，上托一鉢；右手施
與願印，拇指、食指間夾草藥枝。全跏趺坐於
圓邊三角形覆蓮底座上，底座正面下沿刻「藥
師如來佛」名稱。供於東壁第四層第十二龕。

圖 129　嘎班巴的

Gavāṃpati

通高 13 公分，底座長 11 公分，寬 8.3 公分。

F1Sf：109（故 199888 109/121）

尊者為一年輕比丘形像。一面二臂。身著袒右
肩式袈裟。左手托一鉢，右手執禪杖。右舒坐
於梯形方座上，方座正面下沿刻「嘎班巴的」
名稱。供於東壁第五層第一龕。

圖 130　嘎那嘎拔喇危匣尊者

Kanakabharadvāja

通高 13 公分，底座長 10.7 公分，寬 8.3 公分。

F1Sf：110（故 199888 110/121）

尊者為一年老比丘形像。一面二臂。身著通肩
式袈裟。額上有皺紋。雙手施禪定印。梯形方
座，方座正面下沿刻「嘎那嘎拔喇危匣尊者」
名稱。供於東壁第五層第二龕。

圖 129　嘎班巴的

圖 130　嘎那嘎拔喇危匝尊者

圖 131　班塔嘎尊者

Sita-Saṃvara

通高 13 公分，底座長 11.2 公分，寬 8.3 公分。

F1Sf：111（故 199888 111/121）

尊者為一年輕比丘形像。一面二臂。身著袒右
肩式袈裟，右肩搭覆袈裟一角。左手施無畏印，
右手托梵篋。半跏趺坐於梯形方座上，方座正
面下沿刻「班塔嘎尊者」名稱。供於東壁第五
層第三龕。

圖 132　巴沽拉尊者

Bakula

通高 13 公分，底座長 10.7 公分，寬 8.3 公分。

F1Sf：112（故 199888 112/121）

尊者為一年輕比丘形像。一面二臂。內著右衽
僧衣，外披袈裟。左手施禪定印，上托一吐寶
鼠；右手撫摸鼠背。全跏趺坐於梯形方座上，
方座正面下沿刻「巴沽拉尊者」名稱。供於東
壁第五層第四龕。

圖 131　班塔嘎尊者

圖 132　巴沽拉尊者

圖 133　祖吒班塔嘎尊者

Cūḍapanthaka

通高 13 公分，底座長 11 公分，寬 8 公分。

F1Sf：113（故 199888 113／121）

尊者為一長者比丘形像。一面二臂。額上三道
皺紋。內著右衽僧衣，外披袈裟。雙手施禪定
印。全跏趺坐於梯形方座上，方座正面下沿刻
「祖吒班塔嘎尊者」名稱。供於東壁第五層第
五龕。

圖 134　賓達拉拔喇多匝尊者

Piṇḍolabharadvāja

通高 13 公分，底座長 11 公分，寬 8 公分。

F1Sf：112（故 199888 112／121）

尊者為一長者比丘形象。一面二臂。頭頂有一
圓形肉髻，額上有皺紋，留鬍鬚。身著袒右肩
式袈裟。左手提缽，右手托一菩提葉。全跏趺
坐於梯形方座上，方座正面下沿刻「賓達拉拔
喇多匝尊者」名稱。供於東壁第五層第六龕。

圖 133　祖吒班塔嘎尊者

圖 134　賓達拉拔喇多匝尊者

圖 135　喇乎拉尊者

Rāhula

通高 13 公分，底座長 11 公分，寬 8 公分。

F1Sf：115（故 199888 115/121）

尊者為一面二臂。高髮髻。內著右衽僧衣，外披袈裟。雙手捧五葉冠。全跏趺坐於梯形方座上，方座正面下沿刻「喇乎拉尊者」名稱。供於東壁第五層第七龕。

圖 136　囉睺囉

Rāhula

通高 13 公分，底座長 11 公分，寬 8 公分。

F1Sf：116（故 199888 116/121）

尊者為一年輕比丘形象。一面二臂。頭戴頭巾，身著袒右肩式袈裟，右肩搭覆袈裟一角。雙手施禪定印。全跏趺坐於梯形方座上，方座正面下沿刻「囉睺囉」名稱。供於東壁第五層第八龕。

圖 137　鍋巴嘎尊者

Gopaka

通高 13 公分，底座長 11 公分，寬 8 公分。

F1Sf：117（故 199888 117/121）

尊者為一長者比丘形象。一面二臂。額上有皺紋。身著通肩式袈裟。雙手於胸前施禪定印，上托梵篋。半跏趺坐於梯形方座上，方座正面下沿刻「鍋巴嘎尊者」名稱。供於東壁第五層第九龕。

圖 138　阿說示

Aśvajit

通高 13 公分，底座長 11 公分，寬 8 公分。

F1Sf：118（故 199888 118/121）

尊者為一面二臂。身著袒右肩式袈裟，右肩搭覆袈裟一角。雙手捧衣角，上托梵篋。左舒坐於梯形方座上，方座正面下沿刻「阿說示」名稱。供於東壁第五層第十龕。

圖 139　那噶塞那尊者

Nāgasena

通高 13 公分，底座長 11 公分，寬 8 公分。

F1Sf：119（故 199888 119/121）

尊者為一長者比丘形象。一面二臂。額上三道皺紋。身著袒右肩式袈裟。左手持禪杖；右手捧寶瓶，寶瓶內伸出一長珊瑚枝。半跏趺坐於梯形方座上，方座正面下沿刻「那噶塞那尊者」名稱。供於東壁第五層第十一龕。

圖 135　喇乎拉尊者

圖 136 曬睺曬

圖 138 阿説示

圖 137 鍋巴嘎尊者

圖 139 那喇墨那尊者

圖 140　阿必達尊者

Abheda

通高 13 公分，底座長 11 公分，寬 8 公分。

F1Sf：120（故 199888 120/121）

尊者為一年輕比丘形象。一面二臂。內著右衽
僧衣，外披袈裟。左手施無畏印，右手托寶塔。
全跏趺坐於梯形方座上，方座正面下沿刻「阿
必達尊者」名稱。供於東壁第五層第十二龕。

圖 141　阿難

Ānanda

通高 13 公分，底座長 11 公分，寬 8 公分。

F1Sf：121（故 199888 121/121）

尊者為一長者比丘形象。一面二臂。額上三道
皺紋。身著袒右肩式袈裟。左手施說法印，右
手持拂塵。左舒坐於梯形方座上，方座正面下
沿刻「阿難」名稱。供於東壁第五層第十三龕。

圖 140　阿必達尊者

圖 141 阿難

二室無上陽體根本品佛像

二室樓上北壁設供案，須彌長座之上供無上陽體根本品九尊六品佛，正中密跡不動金剛佛、右一密跡文殊金剛佛、左一宏光文殊金剛佛、右二秘密文殊室利佛、左二威羅瓦金剛佛、右三六面威羅瓦金剛佛、左三紅威羅瓦金剛佛、右四黑敵金剛佛、左四大輪手持金剛佛。

圖142　黑敵金剛佛
Kṛṣṇayamāri

通高 39 公分，底座寬 28 公分。

F2SF：1（故 199898 6/9）

此佛位置右四。為三面六臂。每面各三目，頭戴骷髏冠，赤髮忿怒相。赤裸全身，肩披帛帶，腰束虎皮裙，佩飾項鍊、臂釧、手鐲、腳鐲。左元手捧嘎巴拉碗，右元手持鉞刀；左副手自上而下分別持法輪、蓮花，右副手自上而下分別持金剛杵、寶劍。展左立，足下踩一人，俯臥於小蓮座上，左手持羂索，右手枕於顎下，手持物缺失。小蓮座下為一臥牛，牛下為橢圓形覆蓮底座。

圖14□　六面威羅瓦金剛佛
Ṣaṇmukha Bhairavavajra

通高 39 公分，底座寬 28 公分。

F2SF：2（故 199898 5/9）

此佛位置右三。為六面六臂四足。六面分兩層：上層一面，下層五面。每面各三目，頭戴骷髏冠，赤髮忿怒相。赤裸全身，肩披帛帶，身披獸皮，除耳璫外，所佩飾的項鍊、臂釧、手鐲、腳鐲上均纏繞一蛇。左手自上而下分別持羂索、搗杵、金剛鈴；右手自上而下分別持金剛杵、寶劍、金剛杵。前一對足結全跏趺坐，後一對足展左立於臥牛背上。牛下有一人俯臥，左手捧嘎巴拉碗，右手枕於顎下，持三尖叉。橢圓形覆蓮底座。

圖 142　黑敵金剛佛

圖 143 　六面威羅瓦金剛佛

圖 144　秘密文殊室利佛

Guhya-Mañjuśrī

通高 39 公分，底座寬 28 公分。

F2SF：3（故 199898 4/9）

此佛位置右二。為雙身。主尊一面二臂，頭戴
五葉冠，葫蘆形髮髻，耳後有束髮繒帶，寂靜
相。袒露上身，肩披帛帶，下身著裙，佩飾項
鍊、臂釧、手鐲、腳鐲。左手持金剛鈴，右手
持金剛杵，雙手相交，擁抱明妃；全跏趺坐。
明妃亦一面二臂，頭戴五葉冠，葫蘆形髮髻，
寂靜相。雙手高舉，左手捧嘎巴拉碗，右手持
鉞刀；雙腿環繞主尊腰間。圓邊三角形底座。

圖 145　密跡文殊金剛佛

Guhyasamāja-Mañjuvajra

通高 39 公分，底座寬 28 公分。

F2SF：4（故 199898 3/9）

此佛位置右一。為雙身。主尊三面六臂，頭戴
五葉冠，葫蘆形髮髻，寂靜相。袒露上身，肩
披帛帶，下身著裙，佩飾項鍊、臂釧、手鐲、
腳鐲。左元手捧經篋，右元手持寶劍，雙臂相
交，擁抱明妃；左副手自上而下分別持蓮花、
弓，右副手自上而下分別持箭（佚失）、施與
願印；右舒坐，右足下踏小蓮花座。明妃亦三
面六臂，頭戴五葉冠，葫蘆形髮髻，寂靜相。
左手自上而下分別捧經篋、蓮花、弓，右手自
上而下分別持寶劍、箭、施與願印；雙腿環繞
主尊腰間。圓邊三角形底座。

圖 144　秘密文殊室利佛

圖 140　密跡力士佛金剛佛

圖 146　密跡不動金剛佛
Guhyasamāja-Akṣobhya

通高 39 公分，底座寬 28 公分。

F2SF：5（故 199898 2/9）

此佛位置正中。為雙身。主尊三面六臂，每面
各三目，頭戴五葉冠，葫蘆形髮髻，寂靜相。
袒露上身，肩披帛帶，下身著裙，佩飾項鍊、
臂釧、手鐲、腳鐲。左元手持金剛鈴，右元手
持金剛杵，雙臂相交，擁抱明妃；左副手自上
而下分別持摩尼寶、寶劍（寶劍刃部佚失），
右副手自上而下分別持法輪、蓮花；全跏趺坐。
明妃亦三面六臂，頭戴五葉冠，葫蘆形髮髻，
寂靜相。左手自上而下分別持金剛杵、摩尼寶、
寶劍，右手自上而下分別持金剛杵、法輪、蓮
花；雙腿環繞主尊腰間。圓邊三角形底座。

圖 147　宏光文殊金剛佛
Vairocana-Mañjuvajra

通高 39 公分，底座寬 28 公分。

F2SF：6（故 199898 1/9）

此佛位置左一。為雙身。主尊三面六臂，頭戴
五葉冠，葫蘆形髮髻，寂靜相。袒露上身，肩
披帛帶，下身著裙，佩飾項鍊、臂釧、手鐲、
腳鐲。左元手持金剛鈴，右元手持金剛杵，雙
臂相交，擁抱明妃；左副手自上而下分別持蓮
花、弓，右副手自上而下分別持寶劍、箭（佚
失）；全跏趺坐。明妃亦三面六臂，頭戴五葉冠，
葫蘆形髮髻，寂靜相。左手自上而下分別持金
剛鈴、蓮花、弓，右手自上而下分別持金剛杵、
寶劍、箭（佚失）；雙腿環繞主尊腰間。圓邊
三角形底座。

圖 146　密跡不動金剛佛

圖 147 宏光文殊金剛佛

105

圖 148　威羅瓦金剛佛

Vajrabhairava

通高 39 公分，底座寬 28 公分。

F2SF：7（故 199898 9/9）

此佛位置左二。為雙身。主尊九面三十四臂十六足。九面分三層，最上層一面，為冷面文殊相，頭戴五葉冠；中層一面，三目，頭戴骷髏冠，忿怒相；最下層七面，每面各三目，正面為忿怒牛頭相，頭戴骷髏冠，雙犄角身大而尖銳有力，其餘五面亦戴骷髏冠，呈忿怒相。赤髮高聳，赤裸全身，肩掛人頭項蔓，身披象皮，腰圍瓔珞。左元手捧嘎巴拉碗，右元手持鉞刀，並擁抱明妃。三十二隻副手分前後兩層排列；左副手前層自上而下分別持象皮一角、梵

天頭、盾牌、足、羂索（佚失）、弓、腸（佚失）、金剛鈴；左副手後層自上而下分別持人手、屍布、人幢、火爐、半人頭、期克印手、三角幡、風幡；右副手前層自上而下分別持象皮一角、手鏢、搗杵、匕首、槍、鉞刀、槍、箭；右副手後層自上而下分別持長柄鉞刀（佚失）、顱棒、喀章嘎（佚失）、輪、金剛杵、金剛錘、劍、嘎巴拉鼓。十六足，左八足下踏八隻飛禽即鷲、鵞、慈烏、鸚鵡、鶬、鷹、八哥、鵝和四位明王；右足下踩一人和七隻走獸即水牛、黃牛、驢、駝、犬、羊、狐及四位明王。

明妃一面三目二臂，頭戴骷髏冠，赤髮天衣，忿怒相。左手高舉嘎巴拉碗，右手持鉞刀；左腿環繞主尊腰間，展右立於橢圓形覆蓮底座上。

圖 148　威羅瓦金剛佛（右頁圖為局部）

圖 149　紅威羅瓦金剛佛

Rakta-Bhairavavajra

通高 39 公分，底座寬 28 公分。

F2SF：8（故 199898 8/9）

此佛位置左三。為雙身。主尊一面三目二臂，
頭戴骷髏冠，赤髮忿怒相。赤裸全身，肩披帛
帶，佩飾項鍊、臂釧、手鐲、腳鐲。左元手捧
嘎巴拉碗，並擁抱明妃，右元手舉顱棒；展左
立，足下踩一人；此人俯臥於一臥牛背上，左
手捧嘎巴拉碗，右手枕於顎下，持金剛棒。明
妃亦一面三目二臂，頭戴骷髏冠，忿怒相。左
手捧嘎巴拉碗，右手持鉞刀；左腿環繞主尊腰
間，展右立於橢圓形覆蓮底座上。

圖 149　紅威羅瓦金剛佛

108

圖150　大輪手持金剛佛

Mahācakra-Vajrapāṇi

通高 39 公分，底座寬 28 公分。

F2SF：9（故 199898 7/9）

此佛位置左四。為雙身。主尊三面六臂，每面
各三目，頭戴骷髏冠，赤髮忿怒相。口叼一蛇，
赤裸全身，肩披帛帶，腰束虎皮裙，佩飾耳璫、
項鍊、臂釧、手鐲、腳鐲。左元手施無畏印，
右元手施與願印，並擁抱明妃；左副手自上而
下分別施期克印、持蛇，右副手自上而下分別
持金剛杵、蛇；展左立，雙足下各踩一人，左
足下之人呈仰臥狀，右足下之人俯臥。明妃一
面三目二臂，頭戴骷髏冠，忿怒相。左手捧嘎
巴拉碗，右手持鉞刀；左腿環繞主尊腰間，展
右立於橢圓形覆蓮底座上。

圖151　二室西壁佛格

圖 150　大輪手持金剛佛

109

圖 151　二至西壁佛槅

111

二室西壁佛格佛像

圖 152　般若除滅金剛
Prajñantaka

通高 13.5 公分，底座寬 11 公分。

F2Sf：1（故 199889 1/122）

金剛為三面六臂。每面各三目，頭戴骷髏冠，
赤髮忿怒相。赤裸全身，腰束虎皮裙，佩飾項
鍊、臂釧、手鐲、腳鐲。左手自上而下分別持
金剛鈴、鉞刀、羂索；右手白上而下分別持蓮
花、寶劍、金剛杵。展右立於橢圓形覆蓮底座
上，底座正面下沿刻「般若除滅金剛」名稱。
供於西壁第一層第一龕。

圖 153　馬頭金剛
Hayagrīva

通高 13.5 公分，底座寬 10.5 公分。

F2Sf：2（故 199889 2/122）

金剛為三面六臂。每面各三目，頭戴骷髏冠，
赤髮忿怒相。赤裸全身，腰束虎皮裙，佩飾項
鍊、臂釧、手鐲、腳鐲。左元手持羂索，右元
手持寶劍；左副手自上而下分別持金剛鈴、鉞
刀，右副手自上而下分別持金剛杵、金剛棒。
展右立於橢圓形覆蓮底座上，底座正面下沿刻
「馬頭金剛」名稱。供於西壁第一層第二龕。

圖 152　般若除滅金剛

圖 153 馬頭金剛

圖 154 除滅魔王金剛

Vighnāntaka

通高 13.5 公分，底座寬 11 公分。

F2Sf：3（故 199889 3／122）

金剛為一面三目六臂。頭戴骷髏冠，赤髮忿怒相。赤裸全身，肩披帛帶，腰束虎皮裙，佩飾項鍊、臂釧、手鐲、腳鐲。左元手持羂索，右元手持摩尼寶；左副手自上而下分別持蓮花、寶劍，右副手自上而下分別持金剛杵、法輪。展右立於橢圓形覆蓮底座上，底座正面下沿刻「除滅魔王金剛」名稱。供於西壁第一層第三龕。

圖 154　除滅魔王金剛

圖 155　不動金剛

Acala

通高 13.5 公分，底座寬 11 公分。

F2Sf：4（故 199889 4／122）

金剛為一面三目六臂。頭戴骷髏冠，赤髮忿怒相。赤裸全身，肩披帛帶，腰束虎皮裙，佩飾項鍊、臂釧、手鐲、腳鐲。左元手施期克印，右元手持法輪；左副手自上而下分別持鉞刀、羂索，右副手自上而下分別持寶劍、金剛鈴。展右立於橢圓形覆蓮底座上，底座正面下沿刻「不動金剛」名稱。供於西壁第一層第四龕。

圖 155　不動金剛

圖 156　藍棒金剛

Nīladaṇḍa

通高 13.5 公分，底座寬 11 公分。

F2Sf：5（故 199889 5/122）

金剛為三面六臂。每面各三目，頭戴骷髏冠，
赤髮忿怒相。赤裸全身，肩披帛帶，腰束虎皮
裙，佩飾項鍊、臂釧、手鐲、腳鐲。左元手持
羂索，右元手持金剛棒；左副手自上而下分別
持蓮花、鉞刀，右副手自上而下分別持寶劍、
法輪。展右立於橢圓形覆蓮底座上，底座正面
下沿刻「藍棒金剛」名稱。供於西壁第一層第
五龕。

圖 156　藍棒金剛

115

圖 157　欲王金剛

Ṭakkirāja

通高 13.5 公分，底座寬 11 公分。

F2Sf：6（故 199889 6/122）

金剛為三面六臂。每面各三目，頭戴骷髏冠，赤髮忿怒相。赤裸全身，肩披帛帶，腰束席皮裙，佩飾項鍊、臂釧、手鐲、腳鐲。左右元手於胸前兩手交叉施期克印；左副手自上而下分別持羂索、金剛鉤，右副手自上而下分別持金剛杵、寶劍。展右立於橢圓形覆蓮底座上，底座正面下沿刻「欲王金剛」名稱。供於西壁第一層第六龕。

圖 158　大力金剛

Mahābala

通高 13.5 公分，底座寬 11 公分。

F2Sf：7（故 199889 7/122）

金剛為三面六臂。每面各三目，頭戴骷髏冠，赤髮忿怒相。赤裸全身，肩披帛帶，腰束虎皮裙，佩飾項鍊、臂釧、手鐲、腳鐲。左元手持羂索，右元手持金剛棒；左副手自上而下分別持蓮花、鉞刀，右副手自上而下分別持寶劍、法輪。展右立於橢圓形覆蓮底座上，底座正面下沿刻「大力金剛」名稱。供於西壁第一層第七龕。

圖 157　欲王金剛

圖 158　大力金剛

圖 159　金剛頂轉輪王

Uṣṇīṣacakravartin

通高 13.5 公分，底座寬 11 公分。

F2Sf：8（故 199889 8/122）

神為一面三目六臂。頭戴骷髏冠，赤髮忿怒相。
赤裸全身，肩披帛帶，腰束虎皮裙，佩飾項鍊、
臂釧、手鐲、腳鐲。左元手持寶劍，右元手持
蓮花；最上面一對副手於頭頂施菩提印，下面
一對副手左手施期克印，右手持金剛杵。展右
立於橢圓形覆蓮底座上，底座正面下沿刻「金
剛頂轉輪王」名稱。供於西壁第一層第八龕。

圖 159　金剛頂轉輪王

圖 160　毒嚴金剛

Sumbha

通高 13.5 公分，底座寬 11 公分。

F2Sf：9（故 199889 9/122）

金剛為一面三目六臂。頭戴骷髏冠，赤髮忿怒
相。赤裸全身，肩披帛帶，腰束虎皮裙，佩飾
項鍊、臂釧、手鐲、腳鐲。左元手持羂索，右
元手持金剛杵；左副手自上而下分別持金剛鈴、
鉞刀，右副手自上而下分別持金剛交杵、法輪。
展右立於橢圓形覆蓮底座上，底座正面下沿刻
「毒嚴金剛」名稱。供於西壁第一層第九龕。

圖 161　使役嶽〔獄〕母

Dutī（?）Cetī（?）

通高 13.5 公分，底座寬 11 公分。

F2Sf：10（故 199889 10/122）

嶽〔獄〕母為一面三目二臂。頭戴骷髏冠，赤
髮忿怒相。赤裸全身，肩披帛帶，佩飾項鍊、
骷髏項蔓、臂釧、手鐲、腳鐲。左手捧嘎巴拉
碗，右手持鉞刀。遊戲坐於一展翅大鵬鳥背上。
橢圓形覆蓮底座，底座正面下沿刻「使役嶽母」
名稱。供於西壁第一層第十龕。

圖 162　時相嶽〔獄〕母

Kālarātri

通高 13.5 公分，底座寬 11 公分。

F2Sf：11（故 199889 11/122）

嶽〔獄〕母為一面三目二臂。頭戴骷髏冠，赤
髮忿怒相。赤裸全身，肩披帛帶，佩飾項鍊、
骷髏項蔓，臂釧、手鐲、腳鐲。左手捧嘎巴拉
碗，右手持鉞刀。遊戲坐於一展翅大鵬鳥背上。
橢圓形覆蓮底座，底座正面下沿刻「時相嶽母」
名稱。供於西壁第一層第十一龕。

圖 160　毒嚴金剛

圖 161　使役嶽〔獄〕母

圖 102　吉祥嶽（獄）母

圖 163　持牙嶽〔獄〕母　　　　　　　　　　　圖 164　持棒嶽〔獄〕母

圖 163　持牙嶽〔獄〕母
Daṃṣṭrādharā

通高 13.5 公分，底座寬 11 公分。

F2Sf：12（故 199889 12／122）

嶽〔獄〕母為一面三目二臂。頭戴骷髏冠，赤
髮忿怒相。赤裸全身，肩披帛帶，前胸佩飾項
鍊、骷髏項蔓，掛一長蛇，戴臂釧、手鐲、腳鐲。
左手捧嘎巴拉碗，右手持鉞刀。半跏趺坐於一
展翅獸頭大鳥背上。橢圓形覆蓮底座，底座正
面下沿刻「持牙嶽母」名稱。供於西壁第一層
第十二龕。

圖 164　持棒嶽母
Daṇḍadharā

通高 13.5 公分，底座寬 11 公分。

F2Sf：13（故 199889 13／122）

嶽〔獄〕母為一面三目二臂。頭戴骷髏冠，赤
髮忿怒相。赤裸全身，肩披帛帶，前胸佩飾項
鍊，骷髏項蔓，掛一長蛇，戴臂釧、手鐲、腳
鐲。左手捧嘎巴拉碗，右手持鉞刀。遊戲坐於
一展翅大鵬鳥背上。橢圓形覆蓮底座，底座正
面下沿刻「持棒嶽母」名稱。供於西壁第一層
第十三龕。

圖 165　虛空藏菩薩　　　　　　　　　　　　　　　　　　　　　　　圖 166　手持金剛菩薩

圖 165　虛空藏菩薩

Ākāśagarbha

通高 16 公分，底座寬 13.5 公分。

F2Sf：14（故 199889 14/122）

菩薩為三面六臂。頭戴五葉冠，葫蘆形髮髻，
寂靜相。袒露上身，肩披帛帶，下身著裙，佩
飾項鍊、臂釧、手鐲、腳鐲。左元手持寶劍，
右元手捧摩尼寶；左副手自上而下分別持金剛
鈴、蓮花，右副手自上而下分別持金剛杵、法
輪。全跏趺坐於圓邊三角形覆蓮底座上，底座
正面下沿刻「虛空藏菩薩」名稱。供於西壁第
二層第一龕。

圖 166　手持金剛菩薩

Vajrapāṇi

通高 16 公分，底座寬 13.5 公分。

F2Sf：15（故 199889 15/122）

菩薩為三面六臂。頭戴五葉冠，葫蘆形髮髻，
寂靜相。袒露上身，肩披帛帶，下身著裙，佩
飾項鍊、臂釧、手鐲、腳鐲。左元手握金剛鈴，
右元手持法輪；左副手自上而下分別持蓮花、
寶劍，右副手自上而下分別持摩尼寶，金剛杵。
全跏趺坐於圓邊三角形覆蓮底座上，底座正面
下沿刻「手持金剛菩薩」名稱。供於西壁第二
層第二龕。

圖 167 　自在觀世音菩薩
Lokeśvara

通高 16 公分，底座寬 13.5 公分。

F2Sf：16（故 199889 16／122）

菩薩為三面六臂。頭戴五葉冠，葫蘆形髮髻，寂靜相。祖露上身，肩披帛帶，下身著裙，佩飾項鍊、臂釧、手鐲、腳鐲。左元手握金剛鈴，右元手執蓮花；左副手自上而下分別持摩尼寶、寶劍，右副手自上而下分別持金剛杵、法輪。全跏趺坐於圓邊三角形覆蓮底座上，底座正面下沿刻「自在觀世音菩薩」名稱。供於西壁第二層第三龕。

圖 168 　地藏王菩薩
Kṣitigarbha

通高 16 公分，底座寬 13.5 公分。

F2Sf：17（故 199889 17／122）

菩薩為三面六臂。頭戴五葉冠，葫蘆形髮髻，寂靜相。祖露上身，肩披帛帶，下身著裙，佩飾項鍊、臂釧、手鐲、腳鐲。左手自上而下分別持金剛鈴、摩尼寶、寶劍，右手自上而下分別持法輪、金剛杵、蓮花。全跏趺坐於圓邊三角形覆蓮底座上，底座正面下沿刻「地藏王菩薩」名稱。供於西壁第二層第四龕。

圖 167 　自在觀世音菩薩

圖 168 　地藏王菩薩

圖 169　文殊菩薩

Mañjuśrī

通高 16 公分，底座寬 13.5 公分。

F2Sf：18（故 199889 18/122）

菩薩為三面六臂。頭戴五葉冠，葫蘆形髮髻，寂靜相。袒露上身，肩披帛帶，下身著裙，佩飾項鍊、臂釧、手鐲、腳鐲。左元手握金剛鈴，右元手執蓮花；左副手自上而下分別持摩尼寶、寶劍，右副手自上而下分別持金剛杵、法輪。全跏趺坐於圓邊三角形覆蓮底座上，底座正面下沿刻「文殊菩薩」名稱。供於西壁第二層第五龕。

圖 170　除諸障菩薩

Sarvanivaraṇaviṣkambhin

通高 16 公分，底座寬 13.5 公分。

F2Sf：19（故 199889 19/122）

菩薩為三面六臂。頭戴五葉冠，葫蘆形髮髻，寂靜相。袒露上身，肩披帛帶，下身著裙，佩飾項鍊、臂釧、手鐲、腳鐲。左元手握金剛鈴，右元手持法輪；左副手自上而下分別持蓮花、摩尼寶，右副手自上而下分別持寶劍、金剛交杵。全跏趺坐於圓邊三角形覆蓮底座上，底座正面下沿刻「除諸障菩薩」名稱。供於西壁第二層第六龕。

圖 169　文殊菩薩

圖 170　除諸障菩薩

圖 171　普賢菩薩

Samantabhadra

通高 16 公分，底座寬 13.5 公分。

F2Sf：20（故 199889 20／122）

菩薩為三面六臂。頭戴五葉冠，葫蘆形髮髻，
寂靜相。袒露上身，肩披帛帶，下身著裙，佩
飾項鍊、臂釧、手鐲、腳鐲。左手自上而下分
別持金剛鈴、蓮花、摩尼寶，右手自上而下分
別持寶劍、金剛交杵，法輪。全跏趺坐於圓邊
三角形覆蓮底座上，底座正面下沿刻「普賢菩
薩」名稱。供於西壁第二層第七龕。

圖 172　除滅鬼王金剛

Yamāntaka

通高 16 公分，底座寬 13.5 公分。

F2Sf：21（故 199889 21／122）

金剛為三面六臂。每面各三目，頭戴骷髏冠，
赤髮忿怒相。赤裸全身，肩披帛帶，腰束虎皮
裙，佩飾項鍊、臂釧、手鐲、腳鐲。左元手持
羂索，右元手持金剛杵；左副手自上而下分別
持金剛鈴、鉞刀，右副手自上而下分別持金剛
錘、法輪。展右立於橢圓形覆蓮底座上，底座
正面下沿刻「除滅鬼王金剛」名稱。供於西壁
第二層第八龕。

圖 171　普賢菩薩

圖 172　除滅鬼王金剛

圖 173　持鈎嶽母

Aṅkuśadharā

通高 17 公分，底座寬 13 公分。

F2Sf：22（故 199889 22/122）

嶽〔獄〕母為一面三目二臂。頭戴骷髏冠，赤
髮忿怒相。赤裸全身，肩披帛帶，佩飾項鍊、
骷髏項蔓、臂釧、手鐲、腳鐲。左手捧嘎巴拉
碗，右手持鉞刀。跨騎於一展翅孔雀背上。橢
圓形覆蓮底座，底座正面下沿刻「持鈎嶽母」
名稱。供於西壁第二層第九龕。

圖 174　持繩嶽母

Pāśadharā

通高 16.5 公分，底座寬 13 公分。

F2Sf：23（故 199889 23/122）

嶽〔獄〕母為一面三目二臂。頭戴骷髏冠，赤
髮忿怒相。赤裸全身，肩披帛帶，掛一蛇於胸
前，佩飾項鍊、骷髏項蔓、臂釧、手鐲、腳鐲。
左手捧嘎巴拉碗，右手持鉞刀。坐於盤曲的大
蛇背上。橢圓形覆蓮底座，底座正面下沿刻「持
繩嶽母」名稱。供於西壁第二層第十龕。

圖 173　持鈎嶽母

圖 174　持繩嶽母

圖 175　持鐲嶽母

Sphoṭadharā

通高 16.5 公分，底座寬 13 公分。

F2Sf：24（故 199889 24/122）

嶽〔獄〕母為一面三目二臂。頭戴骷髏冠，赤
髮忿怒相。赤裸全身，肩披帛帶，佩飾項鍊、
骷髏項蔓、臂釧、手鐲、腳鐲。左手捧嘎巴拉
碗，右手持鉞刀。遊戲坐於一展翅孔雀背上。
橢圓形覆蓮底座，底座正面下沿刻「持鐲嶽母」
名稱。供於西壁第二層第十一龕。

圖 176　降臨嶽〔獄〕母

Āveśā（？）

通高 16.5 公分，底座寬 13.5 公分。

F2Sf：25（故 199889 25/122）

嶽〔獄〕母為一面三目二臂。頭戴骷髏冠，赤
髮忿怒相。赤裸全身，肩披帛帶，佩飾項鍊、
骷髏項蔓、臂釧、手鐲、腳鐲。左手捧嘎巴拉
碗，右手持鉞刀。跨騎於一展翅孔雀背上。橢
圓形覆蓮底座，底座正面下沿刻「降臨嶽母」
名稱。供於西壁第二層第十二龕。

圖 177　秘蜜〔密〕金剛不動佛

Guhyasamāja-Akṣobhya

通高 20 公分，底座寬 16 公分。

F2Sf：26（故 199889 26/122）

佛為雙身。主尊三面六臂，頭戴五葉冠，葫蘆
形髮髻，寂靜相。袒露上身，肩披帛帶，佩飾
項鍊、臂釧、手鐲、腳鐲。左元手持金剛鈴，
右元手持金剛杵，雙臂相交，擁抱明妃；左副
手自上而下分別持摩尼寶、寶劍，右副手自上
而下分別持法輪、蓮花；全跏趺坐。明妃亦三
面六臂，頭戴五葉冠，葫蘆形髮髻，寂靜相。
左手自上而下分別持金剛杵、摩尼寶、寶劍，
右手自上而下分別持金剛杵、法輪、蓮花。雙
腿環繞主尊腰間。圓邊三角形覆蓮底座，底座
正面下沿刻「秘蜜金剛不動佛」名稱。供於西
壁第三層第一龕。

圖 175　持鐲嶽母

圖 176　降臨嶽母

圖177 秘密主金剛不動佛

127

圖 178　吽威聲金剛

Vajrahūṃkāra

通高 19 公分，底座寬 16 公分。

F2Sf：27（故 199889 27／122）

金剛為雙身。主尊三面六臂，每面各三目，頭戴骷髏冠，赤髮忿怒相，髮間為一化佛。赤裸全身，肩披帛帶，腰束虎皮裙，佩飾項鍊、臂釧、手鐲、腳鐲。左元手持金剛鈴，右元手持金剛杵，雙臂相交，擁抱明妃；左副手自上而下分別持嘎巴拉碗、喀章嘎，右副手自上而下分別持金剛鉤、羂索；展右立。明妃亦三面六臂，每面各三目，頭戴骷髏冠，忿怒相。左手自上而下分別持金剛鈴、嘎巴拉碗、喀章嘎，右手自上而下分別持金剛杵、金剛鉤、羂索。右腿環繞主尊腰間，展左立於橢圓形覆蓮底座上，底座正面下沿刻「吽威聲金剛」名稱。供於西壁第三層第二龕。

圖 178　吽威聲金剛

圖 179　大輪手持金剛

Mahācakra-Vajrapāṇi

通高 20 公分，底座寬 16 公分。

F2Sf：28（故 199889 28／122）

金剛為雙身。主尊三面六臂，每面各三目，頭戴五葉冠，赤髮忿怒相，正面口叼一蛇。赤裸全身，肩披帛帶，腰束虎皮裙，佩飾項鍊、臂釧、手鐲、腳鐲。左右元手於胸前施無畏印、與願印，並擁抱明妃；上方一對左右副手分別施無畏印和持金剛杵，下方一對左右副手分別握住蛇身。展左立。明妃一面三目二臂，頭戴骷髏冠，赤髮忿怒相。左手捧嘎巴拉碗，右手持鉞刀。左腿環繞主尊腰間，展右立於橢圓形覆蓮底座上，底座正面下沿刻「大輪手持金剛」。供於西壁第三層第三龕。

圖 179　大輪手持金剛

圖 180　秘蜜〔密〕文殊金剛

Guhyasamāja-Mañjuvajra

通高 20 公分，底座寬 16 公分。

F2Sf：29（故 199889 29/122）

金剛為雙身。主尊三面六臂，每面各三目，頭
戴五葉冠，葫蘆形髮髻，寂靜相。袒露上身，
肩披帛帶，下身著裙，佩飾項鍊、臂釧、手鐲、
腳鐲。左元手捧經卷，右元手持寶劍，雙臂相
交，擁抱明妃；左副手自上而下分別持蓮花、
弓，右副手自上而下分別持箭、施與願印。遊
戲坐。明妃亦為三面六臂，每面各三目，頭戴
五葉冠，葫蘆形髮髻，寂靜相。左手自上而下
分別捧經卷、蓮花、弓，右手自上而下分別持
寶劍、持箭、施期克印。雙腿環繞主尊腰間。
圓邊三角形覆蓮底座，底座正面下沿刻「秘蜜
文殊金剛」名稱。供於西壁第三層第四龕。

圖 180　秘蜜文殊金剛

圖 181　宏光文殊金剛

Vairocana-Mañjuvajra

通高 20 公分，底座寬 16 公分。

F2Sf：30（故 199889 30/122）

金剛為雙身。主尊三面六臂，頭戴五葉冠，葫
蘆形髮髻，寂靜相。袒露上身，肩披帛帶，下
身著裙，佩飾項鍊、臂釧、手鐲、腳鐲。左元
手持金剛鈴，右元手持金剛杵，雙臂相交，擁
抱明妃；左副手自上而下分別持蓮花、弓，右
副手自上而下分別持寶劍、箭。全跏趺坐。明
妃亦三面六臂，頭戴五葉冠，葫蘆形髮髻，寂
靜相。左手自上而下分別持金剛鈴、蓮花、弓，
右手自上而下分別持金剛杵、寶劍、箭。雙腿
環繞主尊腰間。圓邊三角形覆蓮底座，底座正
面下沿刻「宏光文殊金剛」名稱。供於西壁第
三層第五龕。

圖 181　宏光文殊金剛

圖 182　大持金剛　　　　　　　　　　　　圖 183　秘蜜〔密〕成就文殊

圖 182　大持金剛

Mahāvajradhara

通高 19 公分，底座寬 16 公分。

F2Sf：31（故 199889 31/122）

金剛為一面二臂。頭戴五葉冠，葫蘆形髮髻，耳後有束髮繒帶，寂靜相。袒露上身，肩披帛帶，下身著裙，佩飾項鍊、臂釧、手鐲、腳鐲。左手持金剛鈴，右手持金剛杵，相交於胸前。全跏趺坐於圓邊三角形覆蓮底座上，底座正面下沿刻「大持金剛」名稱。供於西壁第三層第六龕。

圖 183　秘蜜〔密〕成就文殊

Guhyasādhana- Mañjuvajra

通高 19 公分，底座寬 16 公分。

F2Sf：32（故 199889 32/122）

佛為雙身。主尊一面二臂，頭戴五葉冠，葫蘆形髮髻，寂靜相。袒露上身，肩披帛帶，下身著裙，佩飾項鍊、臂釧、手鐲、腳鐲。左元手持金剛鈴，右元手持金剛杵，雙臂相交，擁抱明妃；全跏趺坐。明妃亦一面二臂，頭戴五葉冠，葫蘆形髮髻，寂靜相。左手捧嘎巴拉碗，右手持金剛杵。雙腿環繞主尊腰間。圓邊三角形覆蓮底座，底座正面下沿刻「秘蜜成就文殊」名稱。供於西壁第三層第七龕。

圖 184　癡威羅瓦金剛　　　　　　　　　　　　　　　　圖 185　悋威羅瓦金剛

圖 184　癡威羅瓦金剛
Mohayamāri

通高 20 公分，底座寬 16 公分。

F2Sf：33（故 199889 33／122）

金剛為一面三目二臂。頭戴骷髏冠，赤髮忿怒相。赤裸全身，肩披帛帶，腰束虎皮裙，前胸佩飾項鍊、垂掛長蛇和人頭項蔓，戴臂釧、手鐲、腳鐲。左手持金剛鈴，右手舉法輪。展左立於橢圓形覆蓮底座上，底座正面下沿刻「癡威羅瓦金剛」名稱。供於西壁第三層第八龕。

圖 185　悋威羅瓦金剛
Matsaryayamāri

通高 20 公分，底座寬 16 公分。

F2Sf：34（故 199889 34／122）

金剛為一面三目二臂。頭戴骷髏冠，赤髮忿怒相。赤裸全身，肩披帛帶，腰束虎皮裙。前胸佩飾項鍊、垂掛長蛇和人頭項蔓，戴臂釧、手鐲、腳鐲。左手持金剛鈴，右手舉摩尼寶。展左立於橢圓形覆蓮底座上，底座正面下沿刻「悋威羅瓦金剛」名稱。供於西壁第三層第九龕。

圖 186 貪威羅瓦金剛

Rāgayamāri

通高 20 公分，底座寬 16 公分。

F2Sf：35（故 199889 35/122）

金剛為一面三目二臂。頭戴骷髏冠，赤髮忿怒相。赤裸全身，肩披帛帶，腰束虎皮裙。前胸佩飾項鍊、垂掛長蛇和人頭項蔓，戴臂釧、手鐲、腳鐲。左手持金剛鈴，右手舉蓮花。展左立於橢圓形覆蓮底座上，底座正面下沿刻「貪威羅瓦金剛」名稱。供於西壁第三層第十龕。

圖 187 嫉威羅瓦金剛

Īrṣyāyamāri

通高 20 公分，底座寬 16 公分。

F2Sf：36（故 199889 36/122）

金剛為一面三目二臂。頭戴骷髏冠，赤髮忿怒相。赤裸全身，肩披帛帶，腰束虎皮裙。前胸佩飾項鍊、垂掛長蛇和骷髏項蔓，戴臂釧、手鐲、腳鐲。左手持金剛鈴，右手舉金剛杵。展左立於橢圓形覆蓮底座上，底座正面下沿刻「嫉威羅瓦金剛」名稱。供於西壁第三層第十一龕。

圖 186 貪威羅瓦金剛

圖 187 嫉威羅瓦金剛

132

圖 188　金剛風母

Vajrānilā

通高 16.5 公分，底座寬 13.5 公分。

F2Sf：37（故 199889 37/122）

神為一面三目二臂。頭戴骷髏冠，赤髮忿怒相。
赤裸全身，肩披帛帶，腰束虎皮裙。前胸佩飾
項鍊、垂掛長蛇和骷髏項蔓，戴臂釧、手鐲、
腳鐲。左手捧嘎巴拉碗，右手舉金剛交杵。展
左立於橢圓形覆蓮底座上，橢圓底座正面下沿
刻「金剛風母」名稱。供於西壁第四層第一龕。

圖 189　金剛水母

Vajrodakā

通高 16.5 公分，底座寬 13.5 公分。

F2Sf：38（故 199889 38/122）

神為一面三目二臂。頭戴骷髏冠，赤髮忿怒相。
赤裸全身，肩披帛帶，腰束虎皮裙。前胸佩飾
項鍊、垂掛長蛇和骷髏項蔓，戴臂釧、手鐲、
腳鐲。左手捧嘎巴拉碗，右手舉蓮花。展左立
於橢圓形覆蓮底座上，底座正面下沿刻「金剛
水母」名稱。供於西壁第四層第二龕。

圖 188　金剛風母

圖 189　金剛水母

133

圖 190　金剛地母

Vajrabhūmi

通高 16.5 公分，底座寬 13.5 公分。

F2Sf：39（故 199889 39/122）

神為一面三目二臂。頭戴骷髏冠，赤髮忿怒相。
赤裸全身，肩披帛帶，腰束虎皮裙。前胸佩飾
項鍊、垂掛長蛇和骷髏項蔓，戴臂釧、手鐲、
腳鐲。左手捧嘎巴拉碗，右手舉法輪。展左立
於橢圓形覆蓮底座上，底座正面下沿刻「金剛
地母」名稱。供於西壁第四層第三龕。

圖 191　金剛火母

Vajrānalā

通高 16.5 公分，底座寬 13.5 公分。

F2Sf：40（故 199889 40/122）

神為一面三目二臂。頭戴骷髏冠，赤髮忿怒相。
赤裸全身，肩披帛帶，腰束虎皮裙。前胸佩飾
項鍊、垂掛長蛇和人頭項蔓，戴臂釧、手鐲、
腳鐲。左手捧嘎巴拉碗，右手舉火焰寶珠。展
左立於橢圓形覆蓮底座上，底座正面下沿刻「金
剛火母」名稱。供於西壁第四層第四龕。

圖 190　金剛地母

圖 191　金剛火母

圖 192　成就佛

Amoghasiddhi

通高 16.5 公分，底座寬 13.5 公分。

F2Sf：41（故 199889 41/122）

佛為三面六臂。頭戴五葉冠，葫蘆形髮髻，寂
靜相。袒露上身，肩披帛帶，下身著裙，佩飾
項鍊、臂釧、手鐲、腳鐲。左元手持金剛鈴，
右元手持寶劍；左副手自上而下分別持蓮花、
摩尼寶，右副手自上而下分別持金剛交杵、法
輪。全跏趺坐於圓邊三角形覆蓮底座上，底座
正面下沿刻「成就佛」名稱。供於西壁第四層
第五龕。

圖 193　無量光佛

Amitābha

通高 16.5 公分，底座寬 13.5 公分。

F2Sf：42（故 199889 42/122）

佛為三面六臂。頭戴五葉冠，葫蘆形髮髻，寂
靜相。袒露上身，肩披帛帶，下身著裙，佩飾
項鍊、臂釧、手鐲、腳鐲。左元手持金剛鈴和
蓮花，右元手施說法印；左副手自上而下分別
持摩尼寶、寶劍，右副手自上而下分別持金剛
杵、法輪。全跏趺坐於圓邊三角形覆蓮底座上，
底座正面下沿刻「無量光佛」名稱。供於西壁
第四層第六龕。

圖 192　成就佛

圖 193　無量光佛

圖 194　寶生佛

Ratnasaṃbhava

通高 16.5 公分，底座寬 13.5 公分。

F2Sf：43（故 199889 43/122）

佛為三面六臂。頭戴五葉冠，葫蘆形髮髻，寂靜
相。袒露上身，肩披帛帶，下身著裙，佩飾項鍊、
臂釧、手鐲、腳鐲。左元手持金剛鈴，右元手捧
摩尼寶；左副手自上而下分別持蓮花、寶劍，右
副手自上而下分別持金剛杵、法輪。全跏趺坐於
圓邊三角形覆蓮底座上，底座正面下沿刻「寶生
佛」名稱。供於西壁第四層第七龕。

圖 195　毗盧佛

Vairocana

通高 16.5 公分，底座寬 13.5 公分。

F2Sf：44（故 199889 44/122）

佛為三面六臂。頭戴五葉冠，葫蘆形髮髻，寂靜
相。袒露上身，肩披帛帶，下身著裙，佩飾項鍊、
臂釧、手鐲、腳鐲。左元手持金剛鈴，右元手持
法輪；左副手自上而下分別持摩尼寶、寶劍，右
副手自上而下分別持金剛杵、蓮花。全跏趺坐於
圓邊三角形覆蓮底座上，底座正面下沿刻「毗盧
佛」名稱。供於西壁第四層第八龕。

圖 196　鐵管手持金剛

Lohanāḍī-Vajrapāṇi

通高 17 公分，底座寬 13.5 公分。

F2Sf：45（故 199889 45/122）

金剛為三面四臂。三面分三層，每層一面，每面
各三目，均頭戴骷髏冠，赤髮高聳，耳後有束髮
繒帶，忿怒相。赤裸全身，腰束虎皮裙，除耳璫
外，所佩飾的項鍊、臂釧、手鐲、腳鐲均由蛇纏
繞而成。最下層一面口叼一蛇，左右元手分持蛇
身；左副手持金剛鈴，右副手高舉金剛杵。展左
立於橢圓形覆蓮底座上，底座正面下沿刻「鐵管
手持金剛」名稱。供於西壁第四層第九龕。

圖 194　寶生佛

圖 195　毗盧佛

圖196 繡管手持金剛

圖 197　內成精明文殊

Antarsādhana-Mañjughoṣa

通高 16.5 公分，底座寬 13.5 公分。

F2Sf：46（故 199889 46／122）

佛為雙身。主尊一面二臂，頭戴五葉冠，葫蘆
形髮髻，寂靜相。祖露上身，肩披帛帶，下身
著裙，佩飾項鍊、臂釧、手鐲、腳鐲；左手捧
經卷，右手持寶劍，雙臂相交，擁抱明妃；全
跏趺坐。明妃亦一面二臂，頭戴五葉冠，葫蘆
形髮髻，寂靜相。左手持寶劍，右手捧經卷。
雙腿環繞主尊腰間。圓邊三角形覆蓮底座，底
座正面下沿刻「內成精明文殊」名稱。供於西
壁第四層第十龕。

圖 198　甘露滴金剛

Amṛtabinduvajra

通高 16.5 公分，底座寬 13.5 公分。

F2Sf：47（故 199889 47／122）

金剛為三面六臂，每面各三目，頭戴骷髏冠，
赤髮忿怒相。正面口叼一蛇。赤裸全身，肩披
帛帶，腰束虎皮裙。前胸佩飾項鍊、垂掛長蛇
和人頭項蔓，戴臂釧、手鐲、腳鐲。左右元手
於胸前施無畏印、與願印；上方一對左右副手
分別施期克印和持金剛杵；下方一對副手分別
握住蛇身。展左立，足下踩一人。橢圓形覆蓮
底座，底座正面下沿刻「甘露滴金剛」名稱。
供於西壁第四層第十一龕。

圖 197　內成精明文殊

圖 138　甘露滴金剛

圖 199　秘蜜〔密〕自在觀世音

Guhyasamāja-Lokeśvara

通高 16.5 公分，底座寬 13.5 公分。

F2Sf：48（故 199889 48／122）

佛為雙身。主尊三面六臂，頭戴五葉冠，葫蘆形髮髻，寂靜相。袒露上身，肩披帛帶，下身著裙，佩飾項鍊、臂釧、手鐲、腳鐲。左元手持金剛鈴，右元手持金剛杵，雙臂相交，擁抱明妃；左副手自上而下分別持摩尼寶、金剛杵，右副手自上而下分別持金剛杵、法輪；全跏趺坐。明妃亦三面六臂，頭戴五葉冠，葫蘆形髮髻，寂靜相。左手自上而下分別持金剛鈴、摩尼寶、寶劍，右手自上而下分別持金剛杵、金剛棒、法輪。雙腿環繞主尊腰間。圓邊三角形覆蓮底座，底座正面下沿刻「秘蜜自在觀世音」名稱。供於西壁第四層第十二龕。

圖 199　秘蜜〔密〕自在觀世音

圖200　持錘威羅瓦金剛

Mudgarayamāri

通高 13.5 公分，底座寬 11 公分。

F2Sf：49（故 199889 49/122）

金剛為雙身。主尊三面六臂，每面各三目，頭
戴骷髏冠，赤髮忿怒相。赤裸全身，肩披帛帶，
腰束虎皮裙。前胸佩飾項鍊、垂掛長蛇和人頭
項蔓，戴臂釧、手鐲、腳鐲。左元手捧嘎巴拉
碗，右元手持鉞刀，雙臂相交，擁抱明妃；左
副手自上而下分別持摩尼寶、蓮花，右副手自
上而下分別施期克印、持寶劍；展左立。明妃
亦三面六臂，每面各三目，頭戴骷髏冠，赤髮
忿怒相。左手自上而下分別持嘎巴拉碗、持摩
尼寶、施期克印，右手自上而下分別持鉞刀、
金剛錘、寶劍。左腿環繞主尊腰間，展右立於
橢圓形覆蓮底座上，底座正面下沿刻「持錘威
羅瓦金剛」名稱。供於西壁第五層第一龕。

圖 200　持錘威羅瓦金剛

圖 201　持棒威羅瓦金剛

Daṇḍayamāri

通高 13.5 公分，底座寬 11 公分。

F2Sf・50（故 199889 50/122）

金剛為雙身。主尊三面六臂，每面各三目，頭
戴骷髏冠，赤髮忿怒相。赤裸全身，肩披帛帶，
腰束虎皮裙，前胸佩飾項鍊、垂掛長蛇和人頭
項蔓，戴臂釧、手鐲、腳鐲。左元手捧嘎巴拉
碗，右元手持鉞刀，雙臂相交，擁抱明妃；左
副手自上而下分別持蓮花、法輪，右副手自上
而下分別持金剛棒、寶劍（佚失）；展左立。
明妃亦三面六臂，每面各三目，頭戴骷髏冠，
赤髮忿怒相。左手自上而下分別持嘎巴拉碗、
蓮花、法輪，右手自上而下分別持金剛杵、金
剛棒、寶劍。左腿環繞主尊腰間，展右立於橢
圓覆蓮形底座上，底座正面下沿刻「持棒威羅
瓦金剛」名稱。供於西壁第五層第二龕。

圖 201　持棒威羅瓦金剛

142

圖 202　救度佛母

Tārā

通高 13.5 公分，底座寬 11 公分。

F2Sf：51（故 199889 51／122）

佛母為三面六臂。頭戴五葉冠，葫蘆形髮髻，寂靜相。袒露上身，肩披帛帶，下身著裙，佩飾項鍊、臂釧、手鐲、腳鐲。左元手持金剛鈴，右元手捧金剛交杵；左副手自上而下分別持摩尼寶、寶劍，右副手自上而下分別持法輪、蓮花。全跏趺坐於圓邊三角形覆蓮底座上，底座正面下沿刻「救度佛母」名稱。供於西壁第五層第三龕。

圖 203　金剛聲佛母

Vajraśabdā

通高 13.5 公分，底座寬 11 公分。

F2Sf：52（故 199889 52／122）

佛母為三面六臂。頭戴五葉冠，葫蘆形髮髻，寂靜相。袒露上身，肩披帛帶，下身著裙，佩飾項鍊、臂釧、手鐲、腳鐲。左右元手抱一琵琶於胸前；左副手自上而下分別持摩尼寶、寶劍，右副手自上而下分別持金剛杵、蓮花。全跏趺坐於圓邊三角形覆蓮底座上，底座正面下沿刻「金剛聲佛母」名稱。供於西壁第五層第四龕。

圖 202　救度佛母

圖 203　金剛聲佛母

143

圖 204　金剛色佛母

Vajrarūpā

通高 13.5 公分、底座寬 11 公分。

F2Sf：53（故 199889 53/122）

佛母為三面六臂。頭戴五葉冠，葫蘆形髮髻，
寂靜相。袒露上身，肩披帛帶，下身著裙，佩
飾項鍊、臂釧、手鐲、腳鐲。左右元手捧一圓
鏡於胸前；左副手自上而下分別持摩尼寶、寶
劍，右副手自上而下分別持金剛杵、蓮花。全
跏趺坐於圓邊三角形覆蓮底座上，底座正面下
沿刻「金剛色佛母」名稱。供於西壁第五層第
五龕。

圖 205　金剛味佛母

Vajrarasā

通高 13.5 公分、底座寬 11 公分。

F2Sf：54（故 199889 54/122）

佛母為三面六臂。頭戴五葉冠，葫蘆形髮髻，
寂靜相。袒露上身，肩披帛帶，下身著裙，佩
飾項鍊、臂釧、手鐲、腳鐲。左右元手捧一內
盛水果的圓盤置於胸前；左副手自上而下分別
持摩尼寶、寶劍，右副手自上而下分別持金剛
杵、法輪。全跏趺坐於圓邊三角形覆蓮底座上，
底座正面下沿刻「金剛味佛母」名稱。供於西
壁第五層第六龕。

圖 204　金剛色佛母

圖 205　金剛味佛母

圖 206　白衣佛母

Pāṇḍaravāsinī

通高 13.5 公分，底座寬 11 公分。

F2Sf：55（故 199889 55/122）

佛母為三面六臂。頭戴五葉冠，葫蘆形髮髻，
寂靜相。袒露上身，肩披帛帶，下身著裙，佩
飾項鍊、臂釧、手鐲、腳鐲。左元手於膝上施
禪定印，並執蓮花，右元手於胸前施說法印；
左副手自上而下分別持摩尼寶、寶劍，右副手
自上而下分別持金剛杵、法輪。全跏趺坐於圓
邊三角形覆蓮底座上，底座正面下沿刻「白衣
佛母」名稱。供於西壁第五層第七龕。

圖 207　金剛香佛母

Vajragandhā

通高 13.5 公分，底座寬 11 公分。

F2Sf：56（故 199889 56/122）

佛母為三面六臂。頭戴五葉冠，葫蘆形髮髻，
寂靜相。袒露上身，肩披帛帶，下身著裙，佩
飾項鍊、臂釧、手鐲、腳鐲。左右元手捧一海
螺於胸前；左副手自上而下分別持摩尼寶、寶
劍，右副手自上而下分別持金剛杵、法輪。全
跏趺坐於圓邊三角形覆蓮底座上，底座正面下
沿刻「金剛香佛母」名稱。供於西壁第五層第
八龕。

圖 206　白衣佛母

圖 207　金剛香佛母

145

圖 208　彌勒菩薩
Maitreya

通高 13.5 公分，底座寬 11 公分。

F2Sf：57（故 199889 57/122）

菩薩為三面六臂。頭戴五葉冠，葫蘆形髮髻，寂靜相。袒露上身，肩披帛帶，下身著裙，佩飾項鍊、臂釧、手鐲、腳鐲。左元手持金剛鈴，右元手持法輪；左副手自上而下分別持摩尼寶、寶劍，右副手自上而下分別持金剛杵、蓮花。全跏趺坐於圓邊三角形覆蓮底座上，底座正面下沿刻「彌勒菩薩」名稱。供於西壁第五層第九龕。

圖 209　持鐘威羅瓦金剛
Mudgarayamāri

通高 13.5 公分，底座寬 11 公分。

F2Sf：58（故 199889 58/122）

金剛為一面三目二臂。頭戴骷髏冠，赤髮忿怒相。赤裸全身，肩披帛帶，腰束虎皮裙。前胸佩飾項鍊、垂掛長蛇和人頭項蔓，戴臂釧、手鐲、腳鐲。左手施期克印，右手舉金剛錘。展左立於橢圓形覆蓮底座上，底座正面下沿刻「持鐘威羅瓦金剛」名稱。供於西壁第五層第十龕。

圖 210　持棒威羅瓦金剛
Daṇḍayamāri

通高 13.5 公分，底座寬 11 公分。

F2Sf：59（故 199889 59/122）

金剛為一面三目二臂。頭戴骷髏冠，赤髮忿怒相。赤裸全身，肩披帛帶，腰束虎皮裙。前胸佩飾項鍊、垂掛長蛇和人頭項蔓，戴臂釧、手鐲、腳鐲。左手施期克印，右手舉金剛棒。展左立於橢圓形覆蓮底座上，底座正面下沿刻「持棒威羅瓦金剛」名稱。供於西壁第五層第十一龕。

圖 211　持蓮花威羅瓦金剛
Padmayamāri

通高 13.5 公分，底座寬 11 公分。

F2Sf：60（故 199889 60/122）

金剛為一面三目二臂。頭戴骷髏冠，赤髮忿怒相。赤裸全身，肩披帛帶，腰束虎皮裙。前胸佩飾項鍊、垂掛長蛇和人頭項蔓，戴臂釧、手鐲、腳鐲。左手施期克印，右手舉蓮花。展左立於橢圓形覆蓮底座上，底座正面下沿刻「持蓮花威羅瓦金剛」名稱。供於西壁第五層第十二龕。

圖 212　持劍威羅瓦金剛
Khadgayamāri

通高 13.5 公分，底座寬 11 公分。

F2Sf：61（故 199889 61/122）

金剛為一面三目二臂。頭戴骷髏冠，赤髮忿怒相。赤裸全身，肩披帛帶，腰束虎皮裙。前胸佩飾項鍊、垂掛長蛇和人頭項蔓，戴臂釧、手鐲、腳鐲。左手施期克印，右手舉寶劍。展左立於橢圓形覆蓮底座上，底座正面下沿刻「持劍威羅瓦金剛」名稱。供於西壁第五層第十三龕。

圖 213　二室東壁佛格

圖 208　彌勒菩薩

圖 209　持鐘威羅瓦金剛

圖 211　持蓮花威羅瓦金剛

圖 210　持棒威羅瓦金剛

圖 212　持劍威羅瓦金剛

圖 213　二室東壁佛格

149

二室東壁佛格佛像

圖 214　小手持金剛
Vajrapāṇi (?)

通高 13.5 公分，底座寬 11 公分。

F2Sf：62（故 199889 62/122）

金剛為一面三目一臂。頭戴五葉冠，赤髮忿怒相。赤裸全身，腰束虎皮裙，所佩飾的項鍊、臂釧、手鐲、腳鐲均由蛇纏繞而成。左手施期克印，右手舉金剛杵。展左立於橢圓形覆蓮底座上，底座正面下沿刻「小手持金剛」名稱。供於東壁第一層第一龕。

圖 215　金剛鈎母
Vajrāṅkuśī

通高 13.5 公分，底座寬 11 公分。

F2Sf：63（故 199889 63/122）

神為一面二臂。頭戴骷髏冠，赤髮天衣，忿怒相。祖露上身，肩披帛帶，下身著裙，佩飾項鍊、臂釧、手鐲、腳鐲。左手叉腰，右手持金剛鈎。舞立姿態。橢圓形覆蓮底座，底座正面下沿刻「金剛鈎母」名稱。供於東壁第一層第二龕。

圖 216　金剛鐲母
Vajrasphoṭī

通高 13.5 公分，底座寬 11 公分。

F2Sf：64（故 199889 64/122）

神為一面二臂。頭戴骷髏冠，赤髮天衣，忿怒相。祖露上身，肩披帛帶，下身著裙，佩飾項鍊、臂釧、手鐲、腳鐲。左手施與願印，右手持金剛鐲。舞立姿態。橢圓形覆蓮底座，底座正面下沿刻「金剛鐲母」名稱。供於東壁第一層第三龕。

圖 217　金剛繩母
Vajrapāśī

通高 13.5 公分，底座寬 11 公分。

F2Sf：65（故 199889 65/122）

神為一面二臂。頭戴骷髏冠，赤髮天衣，忿怒相。祖露上身，肩披帛帶，下身著裙，佩飾項鍊、臂釧、手鐲、腳鐲。雙手持羂索，繩兩端分別為金剛杵、金剛鈎。舞立姿態。橢圓形覆蓮底座，底座正面下沿刻「金剛繩母」名稱。供於東壁第一層第四龕。

圖 218　金剛鈴母
Vajraghaṇṭā

通高 13.5 公分，底座寬 11 公分。

F2Sf：66（故 199889 66/122）

神為一面二臂。頭戴骷髏冠，赤髮天衣，忿怒相。祖露上身，肩披帛帶，下身著裙，佩飾項鍊、臂釧、手鐲、腳鐲。左手叉腰，右手握金剛鈴。舞立姿態。橢圓形覆蓮底座，底座正面下沿刻「金剛鈴母」名稱。供於東壁第一層第五龕。

圖 214　小手持金剛

圖215 金剛鈎母

圖217 金剛繩母

圖216 金剛鐲母

圖218 金剛鈴母

圖 219　大黑金剛
Mahākālavajra

通高 13.5 公分，底座寬 11 公分。

F2Sf：67（故 199889 67／122）

金剛為雙身。主尊三面四臂，每面各三目，頭
戴骷髏冠，赤髮忿怒相。赤裸全身，肩披帛帶，
腰束虎皮裙，佩飾項鍊、臂釧、手鐲、腳鐲。
左元手捧嘎巴拉碗，右元手持三尖叉，並於胸
前擁抱明妃；左副手持喀章嘎，右副手持金剛
杵。展右立，足下踩一人，人俯臥，右手捧嘎
巴拉碗。明妃亦三面四臂，每面各三目，頭戴
骷髏冠，赤髮忿怒相。左手自上而下分別持嘎
巴拉碗、喀章嘎，右手自上而下分別持三尖叉、
金剛杵。右腿環繞主尊腰間，展左立於橢圓形
覆蓮底座上，底座正面下沿刻「大黑金剛」名
稱。供於東壁第一層第六龕。

圖 219　大黑金剛

圖 220　施畏金剛
Vajrabhīṣaṇa

通高 13.5 公分，底座寬 11 公分。

F2Sf：68（故 199889 68／122）

金剛為雙身。主尊三面四臂，每面各三目，頭
戴骷髏冠，赤髮忿怒相。赤裸全身，肩披帛帶，
腰束虎皮裙，佩飾項鍊、臂釧、手鐲、腳鐲；
左元手捧嘎巴拉碗，右元手持寶劍，並於胸前
擁抱明妃；左副手施期克印，右副手持金剛杵。
展右立，足下踩一人，人俯臥，右手持喀章嘎。
明妃亦三面四臂，每面各三目，頭戴骷髏冠，
赤髮忿怒相。左手自上而下分別持嘎巴拉碗、
喀章嘎，右手自上而下分別持寶劍、金剛杵。
右腿環繞主尊腰間，展左立於橢圓形覆蓮底座
上，底座正面下沿刻「施畏金剛」名稱。供於
東壁第一層第七龕。

圖 220　施畏金剛

圖 221　轉輪頂
Uṣṇīṣacakravartin

通高 13.5 公分，底座寬 11 公分。

F2Sf：69（故 199889 69/122）

金剛為雙身。主尊三面四臂，每面各三目，頭
戴骷髏冠，赤髮忿怒相。赤裸全身，肩披帛帶，
腰束虎皮裙，佩飾項鍊、臂釧、手鐲、腳鐲。
左元手捧嘎巴拉碗，右元手持法輪，並於胸前
擁抱明妃；左副手持喀章嘎，右副手持金剛杵。
展右立，足下踩一人，人俯臥，右手持寶劍。
明妃亦三面四臂，每面各三目，頭戴骷髏冠，
赤髮忿怒相。左手自上而下分別持嘎巴拉碗、
喀章嘎，右手自上而下分別持法輪、金剛杵。
右腿環繞主尊腰間，展左立於橢圓形覆蓮底座
上，底座正面下沿刻「轉輪頂」名稱。供於東
壁第一層第八龕。

圖 221　轉輪頂

圖 222　聯〔連〕續大鵬手持金剛
Garuḍayuta-Vajrapāṇi

通高 13.5 公分，底座寬 11 公分。

F2Sf：70（故 199889 70/122）

金剛為一面三目二臂。頭戴五葉冠，赤髮忿怒
相。髮間為一蛇。赤裸全身，肩披帛帶，腰束
虎皮裙。前胸垂掛人頭項蔓，佩飾的項鍊、臂
釧、手鐲、腳鐲均由蛇纏繞而成。左手持大鵬
金翅鳥，右手舉金剛杵。展左立，雙足下各踩
一人，人皆俯臥，右足下一人手中持金剛叉。
橢圓形覆蓮底座，底座正面下沿刻「聯續大鵬
手持金剛」名稱。供於東壁第一層第九龕。

圖 222　聯〔連〕續大鵬手持金剛

153

圖 223　金剛畢達拉　　　　　　　　　　　　　　　　　　　　　　　圖 224　忿怒手持金剛

圖 223　金剛畢達拉

Vajrapātāla

通高 13.5 公分，底座寬 11 公分。

F2Sf：71（故 199889 71／122）

金剛為雙身。主尊三面四臂，每面各三目，頭
戴骷髏冠，赤髮忿怒相。赤裸全身，肩披帛帶，
腰束虎皮裙，佩飾項鍊、臂釧、手鐲、腳鐲。
左元手持蛇，右元手持搗杵，雙臂於胸前擁抱
明妃；左副手持喀章嘎，右副手持金剛杵。展
右立，足下踩一人，人俯臥，左手持法器。明
妃亦三面四臂，每面各三目，頭戴骷髏冠，赤
髮忿怒相。左手自上而下分別持蛇、喀章嘎，
右手自上而下分別持搗杵、金剛杵。右腿環繞
主尊腰間，展左立於橢圓形覆蓮底座上，底座
正面下沿刻「金剛畢達拉」名稱。供於東壁第
一層第十龕。

圖 224　忿怒手持金剛

Krodha-Vajrapāṇi

通高 13.5 公分，底座寬 11 公分。

F2Sf：72（故 199889 72／122）

金剛為一面三目二臂。頭戴骷髏冠，赤髮忿怒
相。髮間為金翅鳥、雙馬頭。赤裸全身，腰束
虎皮裙，所佩飾的項鍊、臂釧、手鐲、腳鐲均
由蛇纏繞而成。左手持火焰狀物，右手舉金剛
杵。展左立於橢圓形覆蓮底座上，底座正面下
沿刻「忿怒手持金剛」名稱。供於東壁第一層
第十一龕。

圖 225　成護手持金剛

圖 226　金剛時

圖 225　成護手持金剛
Amoghatrāṇa-Vajrapāṇi

通高 13.5 公分，底座寬 11 公分。

F2Sf：73（故 199889 73／122）

金剛為一面三目二臂。頭戴五葉冠，赤髮忿怒相。赤裸全身，肩披帛帶，腰束虎皮裙，所佩飾的項鍊、臂釧、手鐲、腳鐲均由蛇纏繞而成。左手握金剛鈴，右手舉金剛杵。展左立，雙足下各踩一人，人皆俯臥，右足下一人手中持法器。橢圓形覆蓮底座，底座正面下沿刻「成護手持金剛」。供於東壁第一層第十二龕。

圖 226　金剛時
Vajrakāla

通高 13.5 公分，底座寬 11 公分。

F2Sf：74（故 199889 74／122）

金剛為雙身。主尊三面四臂，每面各三目，頭戴骷髏冠，赤髮忿怒相。赤裸全身，肩披帛帶，腰束虎皮裙，前胸佩飾項鍊、垂掛長蛇和人頭項蔓，佩戴臂釧、手鐲、腳鐲。左元手捧嘎巴拉碗，右元手持鉞刀，雙臂相交，擁抱明妃；左副手持喀章嘎，右副手持金剛杵。展右立，足下踩一人。明妃亦三面四臂，每面各三目，頭戴骷髏冠，赤髮忿怒相。上左手捧嘎巴拉碗，下左手中持物佚失；右手自上而下分別持鉞刀、金剛杵。右腿環繞主尊腰間，展左立於橢圓形覆蓮底座上，底座正面下沿刻「金剛時」名稱。供於東壁第一層第十三龕。

圖 227　金剛繩
Vajrapāśa

通高 16.5 公分，底座寬 13.5 公分。

F2Sf：75（故 199889 75／122）

金剛為忿怒相，雙身。主尊一面三目二臂，頭
戴骷髏冠，赤髮忿怒相。赤裸全身，腰束虎皮
裙，胸前垂掛人頭項蔓，佩飾項鍊、臂釧、手
鐲、腳鐲。左手施期克印，並擁抱明妃；右手
舉羂索。展左立。明妃亦一面三目二臂，頭戴
骷髏冠，赤髮忿怒相。左手施期克印，右手舉
羂索。左腿環繞主尊腰間，展右立於橢圓形覆
蓮底座上，底座正面下沿刻「金剛繩」名稱。
供於東壁第二層第一龕。

圖 228　金剛潭
Vajrakuṇḍalin

通高 16.5 公分，底座寬 13.5 公分。

F2Sf：76（故 199889 76／122）

金剛為雙身。主尊三面四臂，每面各三目，頭
戴骷髏冠，赤髮忿怒相。赤裸全身，腰束虎皮
裙，胸前垂掛人頭項蔓，佩飾項鍊、臂釧、手
鐲、腳鐲。左元手捧嘎巴拉碗，右元手持十字
金剛杵，並於胸前擁抱明妃；左副手持金剛棒，
右副手持金剛杵。展右立，足下踩一人，人俯
臥，右手枕於頭下，右手持法器。明妃亦三面
四臂，每面各三目，頭戴骷髏冠，赤髮忿怒相。
左手自上而下分別持嘎巴拉碗、金剛棒，右手
自上而下分別持金剛杵、寶劍。右腿環繞主尊
腰間，展左立於橢圓形覆蓮底座上，底座正面
下沿刻「金剛潭」名稱。供於東壁第二層第二
龕。

圖 227　金剛繩

圖 228　金剛潭

圖 229　金剛鐺

Vajrasphoṭa

通高 16.5 公分，底座寬 13.5 公分。

F2Sf：77（故 199889 77／122）

金剛為雙身。主尊一面三目二臂，頭戴骷髏冠，
赤髮忿怒相。赤裸全身，腰束虎皮裙，胸前垂
掛人頭項蔓，佩飾項鍊、臂釧、手鐲、腳鐲。
左手施期克印，並擁抱明妃，右手舉金剛鐺。
展左立。明妃亦一面三目二臂，頭戴骷髏冠，
赤髮忿怒相。左手施期克印，右手舉金剛鐺。
左腿環繞主尊腰間，展右立於橢圓形覆蓮底座
上，底座正面下沿刻「金剛鐺」名稱。供於東
壁第二層第三龕。

圖 229　金剛鐺

圖 230　金剛鈴

Vajrāveśa

<u>通高 16.5 公分，底座寬 13.5 公分。</u>

<u>F2Sf：78（故 199889 78/122）</u>

金剛為雙身。主尊一面三目二臂，頭戴骷髏冠，
赤髮忿怒相。赤裸全身，腰束虎皮裙，胸前垂
掛人頭項蔓，佩飾項鍊、臂釧、手鐲、腳鐲。
左手施期克印，並擁抱明妃，右手舉金剛鈴。
展左立。明妃亦一面三目二臂，頭戴骷髏冠，
赤髮忿怒相。左手施期克印，右手舉金剛鈴。
左腿環繞主尊腰間，展右立於橢圓形覆蓮底座
上，底座正面下沿刻「金剛鈴」名稱。供於東
壁第二層第四龕。

圖 230　金剛鈴

158

圖 231　金剛棒

Vajradaṇḍa

通高 16.5 公分，底座寬 13.5 公分。

F2Sf：79（故 199889 79/122）

金剛為雙身。主尊三面四臂，每面各三目，頭
戴骷髏冠，赤髮忿怒相。赤裸全身，腰束虎皮
裙，胸前垂掛人頭項蔓，佩飾項鍊、臂釧、手
鐲、腳鐲。左元手捧嘎巴拉碗，右元手持金剛
錘，並於胸前擁抱明妃；左副手持金剛棒，右
副手持金剛杵。展右立，足下踩一人，人俯臥，
右手持法器。明妃亦三面四臂，每面各三目，
頭戴骷髏冠，赤髮忿怒相。左手自上而下持嘎
巴拉碗、金剛棒，右手自上而下分別持十字金
剛錘、金剛杵。右腿環繞主尊腰間，展左立於
橢圓形覆蓮底座上，底座正面下沿刻「金剛棒」
名稱。供於東壁第二層第五龕。

圖 231　金剛棒

圖 232　金剛頂

Vajroṣṇīṣa

通高 16.5 公分，底座寬 13.5 公分。

F2Sf：80（故 199889 80/122）

金剛為雙身。主尊三面四臂，每面各三目，頭
戴五葉冠，赤髮忿怒相。赤裸全身，腰束虎皮
裙，胸前垂掛人頭項蔓，佩飾項鍊、臂釧、手
鐲、腳鐲。左元手捧嘎巴拉碗，右元手持蓮花，
並於胸前擁抱明妃；左副手持金剛棒，右副手
持金剛杵。展右立，足下踩一人，人俯臥，右
手枕於頭下，並持金剛叉。明妃亦三面四臂，
每面各三目，頭戴骷髏冠，赤髮忿怒相。左手
自上而下分別持嘎巴拉碗、金剛棒，右手自上
而下分別持蓮花、金剛杵。右腿環繞主尊腰間，
展左立於橢圓形覆蓮底座上，底座正面下沿刻
「金剛頂」名稱。供於東壁第二層第六龕。

圖 232　金剛頂

圖 233　金剛日

Anarārka

通高 16.5 公分，底座寬 13.5 公分。

F2Sf：81（故 199889 81/122）

金剛為雙身。主尊三面四臂，每面各三目，頭戴骷髏冠，赤髮忿怒相。赤裸全身，腰束虎皮裙，胸前垂掛人頭項蔓，佩飾項鍊、臂釧、手鐲、腳鐲。左元手捧嘎巴拉碗，右元手持寶劍，並於胸前擁抱明妃；左副手持金剛棒，右副手持金剛杵。展右立，足下踩一人，人俯臥，右手枕於頭下，並持金剛棒。明妃亦三面四臂，每面各三目，頭戴五葉冠，赤髮忿怒相。左手自上而下持嘎巴拉碗、金剛棒，右手自上而下持寶劍、金剛杵。右腿環繞主尊腰間，展左立。橢圓形覆蓮底座，底座正面下沿刻「金剛日」名稱。供於東壁第二層第七龕。

圖 234　金剛藥乂〔叉〕

Vajrayakṣa

通高 16.5 公分，底座寬 13.5 公分。

F2Sf：82（故 199889 82/122）

金剛為雙身。主尊三面四臂，每面各三目，頭戴五葉冠，赤髮忿怒相。赤裸全身，腰束虎皮裙，胸前垂掛人頭項蔓，佩飾項鍊、臂釧、手鐲、腳鐲。左元手捧嘎巴拉碗，右元手持金剛鈎，並於胸前擁抱明妃；左副手持金剛棒，右副手持金剛杵；展右立，足下踩一人，人俯臥，右手枕於頭下，並持香爐。明妃亦三面四臂，每面各三目，頭戴骷髏冠，赤髮忿怒相。左手自上而下分別持嘎巴拉碗、金剛棒，右手自上而下分別持金剛鈎、金剛杵；右腿環繞主尊腰間，展左立於橢圓形覆蓮底座上，底座正面下沿刻「金剛藥乂」名稱。供於東壁第二層第八龕。

圖 233　金剛日

圖 234　金剛藥乂〔叉〕

圖 235　持花母

Puṣpā

通高 16.5 公分、底座寬 13.5 公分。

F2Sf：83（故 199889 83／122）

佛母為一面二臂。頭戴骷髏冠，赤髮天衣，忿怒相。袒露上身，肩披帛帶，下身著裙，佩飾項鍊、臂釧、手鐲、腳鐲。雙手平舉，手持物缺。舞立姿態。橢圓形覆蓮底座，底座正面下沿刻「持花母」名稱。供於東壁第二層第九龕。

圖 236　持燈母

Dīpā

通高 16.5 公分、底座寬 13.5 公分。

F2Sf：84（故 199889 84／122）

佛母為一面二臂。頭戴骷髏冠，赤髮天衣，忿怒相。袒露上身，肩披帛帶，下身著裙，佩飾項鍊、臂釧、手鐲、腳鐲。左手放在腿上，右手舉燈。舞立姿態。橢圓形覆蓮底座，底座正面下沿刻「持燈母」名稱。供於東壁第二層第十龕。

圖 237　持香母

Dhūpā

通高 16.5 公分、底座寬 13.5 公分。

F2Sf：85（故 199889 85／122）

佛母為一面二臂。頭戴骷髏冠，赤髮天衣，忿怒相。袒露上身，肩披帛帶，下身著裙，佩飾項鍊、臂釧、手鐲、腳鐲。左手舉香爐，右手施說法印。舞立姿態。橢圓形覆蓮底座，底座正面下沿刻「持香母」名稱。供於東壁第二層第十一龕。

圖 238　持香水母

Gandhā

通高 16.5 公分、底座寬 13.5 公分。

F2Sf：86（故 199889 86／122）

佛母為一面二臂。頭戴骷髏冠，赤髮天衣，忿怒相。袒露上身，肩披帛帶，下身著裙，佩飾項鍊、臂釧、手鐲、腳鐲。左手持香水寶瓶，右手施說法印。舞立姿態。橢圓形覆蓮底座，底座正面下沿刻「持香水母」名稱。供於東壁第二層第十二龕。

圖 239　沙斡哩

Śābari

通高 20 公分，底座最長 14.5 公分。

F2Sf：87（故 199889 87／122）

祖師為一面二臂。頭頂挽髻，髮巾上繫一骷髏，嗔怒相。袒露上身，左肩和右腿間繫禪定帶，下身著裙，佩飾臂釧、手鐲、腳鐲。左手持弓，右手舉箭，身後右側有一圓形水罐。遊戲坐於一上鋪獸皮的雙層梯形底座上，底座正面下沿刻「沙斡哩」名稱。供於東壁第三層第一龕。

圖 235　持花母

圖 236　持燈母

圖 238　持香水母

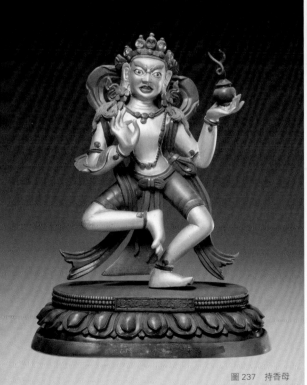

圖 237　持香母

圖 239　沙幹哩

圖 240　威羅瓦金剛

圖 240　威羅瓦金剛

Vajrabhairava

通高 19.5 公分，底座寬 16 公分。

F2Sf：88（故 199889 88/122）

金剛為雙身。主尊九面三十四臂十六足。九面分三層；最上層一面，頭戴五葉冠，為冷面文殊相；中層一面，三目，頭戴骷髏冠，忿怒相；最下層七面，每面各三目，正面為忿怒牛頭相，頭戴骷髏冠，雙犄角身大而尖銳有力；其餘五面亦戴骷髏冠，呈忿怒相。赤髮高聳，赤裸全身，肩掛人頭項蔓，身披象皮，腰圍瓔珞。左元手捧嘎巴拉碗，右元手持鉞刀，並擁抱明妃。三十二隻副手分前後兩層排列，左副手前層自上而持象皮一角、梵天頭、盾牌、足、羂索、

弓、長、金剛鈴；左副手後層自上而下分別持人手、屍布、人幢、火爐、半人頭、期克印手、三角幡（佚失）、風幡；右副手前層自上而下分別持牽象皮一角、手鏢、搗杵、匕首、槍、鉞刀、槍、箭；右副手後層持長柄鉞刀、顱棒、喀章嘎、輪、金剛杵、金剛錘、劍、嘎巴拉鼓。十六足，左八足下踏八隻飛禽即鷲、饕、慈鳥、鸚鵡、鵠、鷹、八哥、鵝和四位明王；右足下踩一人和七隻走獸即水牛、黃牛、驢、駝、犬、羊、狐及四位明王。明妃一面三目二臂，頭戴骷髏冠，赤髮天衣，忿怒相。左手高舉嘎巴拉碗，右手持鉞刀。左腿環繞主尊腰間，展右立於橢圓形覆蓮底座上。底座正面下沿刻「威羅瓦金剛」名稱。供於東壁第三層第二龕。

164

圖 241　宏光威羅瓦金剛

Vairocana-Bhairavavajra

通高 19.5 公分，底座寬 16 公分。

F2Sf：89（故 199889 89/122）

金剛為雙身。主尊一面三目二臂，頭戴骷髏冠，
赤髮忿怒相。赤裸全身，腰束虎皮裙，胸前垂
掛人頭項蔓，佩飾項鍊、臂釧、手鐲、腳鐲。
左手捧嘎巴拉碗，並擁抱明妃；右手舉骷髏杖。
展左立，足下踩一人，人臥牛背上。明妃亦一
面三目二臂，頭戴骷髏冠，赤髮忿怒相。左手
捧嘎巴拉碗，右手舉鉞刀。左腿環繞主尊腰間，
展右立於橢圓形覆蓮座上，底座正面下沿刻「宏
光威羅瓦金剛」名稱。供於東壁第三層第三龕。

圖 242　一勇威羅瓦金剛

Ekavīra-Bhairavavajra

通高 19.5 公分，底座寬 16 公分。

F2Sf：90（故 199889 90/122）

金剛為一面三目二臂。頭戴骷髏冠，赤髮忿怒
牛頭相。赤裸全身，肩披帛帶，胸前垂掛人頭
項蔓，佩飾臂釧、手鐲、腳鐲。左手捧嘎巴拉
碗，右手持鉞刀。展左立於橢圓形覆蓮座上，
底座正面下沿刻「一勇威羅瓦金剛」名稱。供
於東壁第三層第四龕。

圖 241　宏光威羅瓦金剛

圖 242　一勇威羅瓦金剛

圖 243　六面威羅瓦金剛

Ṣaṇmukha-Yamāri

通高 20 公分，底座寬 16 公分。

F2Sf：91（故 199889 91/122）

金剛為六面六臂六足。六面分兩層：上層一面，
下層五面。每面各三日，頭戴骷髏冠，赤髮忿
怒相。赤裸全身，肩披帛帶，胸前垂掛人頭項
蔓，佩飾臂釧、手鐲、腳鐲。左手自上而下分
別持羂索、搗杵、金剛鈴；右手自上而下分別
持金剛錘、寶劍、金剛杵。前兩足結全跏趺坐，
中兩足展左立，後兩足成弓形站立，足下踩一
牛。牛下有一人仰臥，雙手上舉，手持物佚失。
單層覆蓮橢圓底座，底座正面下沿刻「六面威
羅瓦金剛」名稱。供於東壁第三層第五龕。

圖 244　黑敵威羅瓦金剛

Kṛṣṇayamāri

通高 19.5 公分，底座寬 16 公分。

F2Sf：92（故 199889 92/122）

金剛為三面六臂。每面各三目，頭戴骷髏冠，
赤髮忿怒相。赤裸全身，肩披帛帶，腰束虎皮
裙，胸前垂掛人頭項蔓，佩飾項鍊、臂釧、手
鐲、腳鐲。左元手捧嘎巴拉碗，右元手持鉞刀；
左副手自上而下分別持法輪、蓮花，右副手自
上而下分別持金剛杵、寶劍。坐於一人背上，
人俯臥，右手枕於頭下，一手持喀章嘎。人下
為一單層覆蓮橢圓底座，底座下還有一臥牛。
橢圓形覆蓮底座，底座正面下沿刻「黑敵威羅
瓦金剛」名稱。供於東壁第三層第六龕。

圖 243　六面威羅瓦金剛

圖 244　黑敵威羅瓦金剛

圖 245　射勢威羅瓦金剛
Pratyālīḍha-Bhairavavajra

通高 20 公分，底座寬 16 公分。

F2Sf：93（故 199889 93／122）

金剛為一面三目二臂。頭戴骷髏冠，赤髮忿怒
牛頭相。赤裸全身，胸前垂掛人頭項蔓。左手
持一已上弦的弓箭，右手作拉弓狀。展左立，
足下踩一臥牛，牛下又踩一人，人俯臥。橢圓
形覆蓮底座，底座正面下沿刻「射勢威羅瓦金
剛」名稱。供於東壁第三層第七龕。

圖 246　牙瓦的
Ya ba ti

通高 20 公分，底座寬 16 公分。

F2Sf：94（故 199889 94／122）

金剛為一面三目二臂。頭戴骷髏冠，赤髮忿怒
相。赤裸全身，肩披帛帶，腰束虎皮裙，胸前
垂掛人頭項蔓，所佩飾的項鍊、臂釧、手鐲、
腳鐲均由蛇纏繞而成。左手施期克印，右手舉
金剛鉤。展左立於橢圓形覆蓮底座上，底座正
面下沿刻「牙瓦的」名稱。供於東壁第三層第
八龕。

圖 245　射勢威羅瓦金剛

圖 246　牙瓦的

圖 247　法帝

Dharmarāja

通高 20 公分，底座寬 16 公分。

F2Sf：95（故 199889 95/122）

金剛為一面三目二臂。頭戴骷髏冠，赤髮忿怒
相。赤裸全身，肩披帛帶，腰束虎皮裙，胸前
垂掛人頭項蔓，所佩飾的項鍊、臂釧、手鐲、
腳鐲均由蛇纏繞而成。左手施期克印，右手舉
羂索。展左立於橢圓形覆蓮底座上，底座正面
下沿刻「法帝」名稱。供於東壁第三層第九龕。

圖 247　法帝

圖 248 地拉巴

Tel pa

通高 20 公分，底座寬 16 公分。

F2Sf：96（故 199889 96/122）

金剛為一面三目二臂。頭戴骷髏冠，赤髮忿怒
相。赤裸全身，肩披帛帶，腰束虎皮裙，胸前
垂掛人頭項蔓，所佩飾的項鍊、臂釧、手鐲、
腳鐲均由蛇纏繞而成。左手施期克印，右手舉
金剛鐲。展左立於橢圓形覆蓮底座上，底座正
面下沿刻「地拉巴」名稱。供於東壁第三層第
十龕。

圖 249 阿瓦牛頭嶽〔獄〕主

gLang mgo can

通高 20 公分，底座寬 16 公分。

F2Sf：97（故 199889 97/122）

金剛為一面三目二臂。頭戴骷髏冠，赤髮忿怒
相。赤裸全身，肩披帛帶，腰束虎皮裙，胸前
垂掛人頭項蔓，所佩飾的項鍊、臂釧、手鐲、
腳鐲均由蛇纏繞而成。左手施期克印，右手舉
金剛鈴。展左立於橢圓形覆蓮底座上，底座正
面下沿刻「阿瓦牛頭嶽主」名稱。供於東壁第
三層第十一龕。

圖 248 地拉巴

圖 249 阿瓦牛頭嶽〔獄〕主

圖 250　髮九股嶽〔獄〕主

Ral pa tshar dgu

通高 17 公分，底座寬 13.5 公分。

F2Sf：98（故 199889 98/122）

金剛為一面三目二臂。頭戴骷髏冠，赤髮忿怒相。赤裸全身，肩披帛帶，腰束虎皮裙，胸前垂掛人頭項蔓，所佩飾的項鍊、臂釧、手鐲、腳鐲均由蛇纏繞而成。左手施期克印，右手舉法輪。展左立於橢圓形覆蓮底座上，底座正面下沿刻「髮九股嶽主」名稱。供於東壁第四層第一龕。

圖 251　茶桑

Phya sangs

通高 17 公分，底座寬 13.5 公分。

F2Sf：99（故 199889 99/122）

金剛為一面三目二臂。頭戴骷髏冠，赤髮忿怒相。赤裸全身，肩披帛帶，腰束虎皮裙，胸前垂掛人頭墳蔓，所佩飾的項鍊、臂釧、手鐲、腳鐲均由蛇纏繞而成。左手施期克印，右手舉金剛杵。展左立於橢圓形覆蓮底座上，底座正面下沿刻「茶桑」名稱。供於東壁第四層第二龕。

圖 250　髮九股嶽〔獄〕主

圖 251 茶桑

圖 252　紅目星

Aṅgāraka

通高 17 公分，底座寬 13.5 公分。

F2Sf：100（故 199889 100/122）

金剛為一面三目二臂。頭戴骷髏冠，赤髮忿怒相。赤裸全身，肩披帛帶，腰束虎皮裙，胸前垂掛人頭項蔓，所佩飾的項鍊、臂釧、手鐲、腳鐲均由蛇纏繞而成。左手施期克印，右手舉匕首。展左立於橢圓形覆蓮底座上，底座正面下沿刻「紅目星」名稱。供於東壁第四層第三龕。

圖 253　蜜克巴

rMig pa

通高 17 公分，底座寬 13.5 公分。

F2Sf：101（故 199889 101/122）

金剛為一面三目二臂。頭戴骷髏冠，赤髮忿怒相。赤裸全身，肩披帛帶，腰束虎皮裙，胸前垂掛人頭項蔓，所佩飾的項鍊、臂釧、手鐲、腳鐲均由蛇纏繞而成。左手施期克印，右手舉金剛斧。展左立於橢圓形覆蓮底座上，底座正面下沿刻「蜜克巴」名稱。供於東壁第四層第四龕。

圖 252　紅目星

圖 253　蜜克巴

圖 254　高哩佛母

Gaurī

<u>通高 17 公分，底座寬 13.5 公分。</u>

<u>F2Sf：102（故 199889 102／122）</u>

佛母為雙身。主尊三面六臂，每面各三目，頭
戴骷髏冠，赤髮忿怒相。赤裸全身，肩披帛帶，
腰束虎皮裙，胸前垂掛人頭項蔓，佩飾項鍊、
臂釧、手鐲、腳鐲由蛇纏繞而成。左元手捧嘎
巴拉碗，右元手持鉞刀，並於胸前擁抱明妃；
左副手自上而下分別持摩尼寶、蓮花，右副手
自上而下分別持寶劍、法輪。左腿環繞明妃腰
間，展右立。明妃亦三面六臂，每面各三目，
頭戴骷髏冠，赤髮忿怒相。左手自上而下分別
持嘎巴拉碗、摩尼寶、蓮花，右手自上而下分
別持鉞刀、寶劍、法輪。展左立於橢圓形覆蓮
底座上，底座正面下沿刻「高哩佛母」名稱。
供於東壁第四層第五龕。

圖 254　高哩佛母

173

圖 255　喇噶喇底佛母

Sarasvatī

通高 17 公分，底座寬 13.5 公分。

F2Sf：103（故 199889 103／122）

佛母為雙身。主尊三面六臂，每面各三目，頭戴骷髏冠，赤髮忿怒相。赤裸全身，肩披帛帶，腰束虎皮裙，胸前垂掛人頭項蔓，佩飾項鍊、臂釧、手鐲、腳鐲用蛇纏繞而成。左元手捧嘎巴拉碗，右元手持鉞刀，並於胸前擁抱明妃；左副手自上而下分別持摩尼寶、法輪，右副手自上而下分別持蓮花、寶劍。左腿環繞明妃腰間，展右立。明妃亦三面六臂，每面各三目，頭戴骷髏冠，赤髮忿怒相。左手自上而下分別持嘎巴拉碗、摩尼寶、法輪，右手自上而下分別持金剛杵、蓮花、寶劍。展左立於橢圓形覆蓮底座上，底座正面下沿刻「喇噶喇底佛母」名稱。供於東壁第四層第六龕。

圖 256　斡喇希佛母

Varāhī

通高 17 公分，底座寬 13.5 公分。

F2Sf：104（故 199889 104／122）

佛母為雙身。主尊三面六臂，每面各三目，頭戴骷髏冠，赤髮忿怒相。赤裸全身，肩披帛帶，腰束虎皮裙，胸前垂掛人頭項蔓，佩飾項鍊、臂釧、手鐲、腳鐲由蛇纏繞而成。左元手捧嘎巴拉碗，右元手持鉞刀，並於胸前擁抱明妃；左副手自上而下分別持摩尼寶、蓮花，右副手自上而下分別持法輪、寶劍。左腿環繞明妃腰間，展右立。明妃亦三面六臂，每面各三目，頭戴骷髏冠，赤髮忿怒相。左手自上而下分別持嘎巴拉碗、摩尼寶、蓮花，右手自上而下分別持鉞刀、法輪、寶劍。展左立於橢圓形覆蓮底座上，底座正面下沿刻「斡喇希佛母」名稱。供於東壁第四層第七龕。

圖 255　喇噶喇底佛母

圖 256 斡喇希佛母

圖 257　貪威羅瓦金剛

Rāgayamāri

通高 17 公分，底座寬 13.5 公分。

F2Sf：105（故 199889 105/122）

金剛為雙身。主尊三面六臂，每面各三目，頭
戴骷髏冠，赤髮忿怒相。赤裸全身，肩披帛帶，
腰束虎皮裙，胸前垂掛人頭項蔓，佩飾項鍊、
臂釧、手鐲、腳鐲用蛇纏繞而成。左元手捧嘎
巴拉碗，右元手持鉞刀，並於胸前擁抱明妃；
左副手自上而下分別持摩尼寶、法輪，右副手
自上而下分別持蓮花、寶劍。展左立。明妃亦
三面六臂，每面各三目，頭戴骷髏冠，赤髮忿
怒相。左手自上而下分別持嘎巴拉碗、摩尼寶、
法輪，右手自上而下分別持鉞刀、蓮花、寶劍。
左腿環繞主尊腰間，展右立於橢圓形覆蓮底座
上，底座正面下沿刻「貪威羅瓦金剛」名稱。
供於東壁第四層第八龕。

圖 257　貪威羅瓦金剛

圖 258　癡威羅瓦金剛

Mohayamāri

通高 17 公分，底座寬 13.5 公分。

F2Sf：106（故 199889 106/122）

金剛為雙身。主尊三面六臂，每面各三目，頭
戴骷髏冠，赤髮忿怒相。赤裸全身，肩披帛帶，
腰束虎皮裙，胸前垂掛人頭項蔓，佩飾項鍊、
臂釧、手鐲、腳鐲由蛇纏繞而成。左元手捧嘎
巴拉碗，右元手持鉞刀，並於胸前擁抱明妃；
左副手自上而下分別持摩尼寶、蓮花，右副手
自上而下分別持法輪、寶劍。展左立。明妃亦
三面六臂，每面各三目，頭戴骷髏冠，赤髮忿
怒相。左手自上而下分別持嘎巴拉碗、摩尼寶、
蓮花，右手自上而下分別持鉞刀、法輪、寶劍。
左腿環繞主尊腰間，展右立於橢圓形覆蓮底座
上，底座正面下沿刻「癡威羅瓦金剛」名稱。
供於東壁第四層第九龕。

圖 258　癡威羅瓦金剛

圖 259　恪威羅瓦金剛

Matsaryayamāri

通高 17 公分，底座寬 13.5 公分。

F2Sf：107（故 199889 107/122）

金剛為雙身。主尊三面六臂，每面各三目，頭
戴骷髏冠，赤髮忿怒相。赤裸全身，肩披帛帶，
腰束虎皮裙，胸前垂掛人頭項蔓，佩飾項鍊、
臂釧、手鐲、腳鐲由蛇纏繞而成。左元手捧嘎
巴拉碗，右元手持鉞刀，並於胸前擁抱明妃；
左副手自上而下分別持法輪、蓮花，右副手自
上而下分別持摩尼寶、寶劍。展左立。明妃亦
三面六臂，每面各三目，頭戴骷髏冠，赤髮忿
怒相。左手自上而下分別持嘎巴拉碗、法輪、
蓮花，右手自上而下分別持鉞刀、摩尼寶、寶
劍。左腿環繞主尊腰間，展右立於橢圓形覆蓮
底座上，底座正面下沿刻「恪威羅瓦金剛」名
稱。供於東壁第四層第十龕。

圖 259　恪威羅瓦金剛

圖 260　咂呼資噶佛母

Carcikā

通高 17 公分，底座寬 13.5 公分。

F2Sf：108（故 199889 108/122）

佛母為雙身。主尊三面六臂，其中正面為豬面，
另兩面為明王面。每面各三目，頭戴骷髏冠，
赤髮忿怒相。赤裸全身，肩披帛帶，腰束虎皮
裙，胸前垂掛人頭項蔓，佩飾項鍊、臂釧、手
鐲、腳鐲用蛇纏繞而成。左元手捧嘎巴拉碗，
右元手持鉞刀，並於胸前擁抱明妃；左副手自
上而下分別持法輪、蓮花，右副手自上而下分
別持金剛杵、寶劍。左腿環繞明妃腰間，展右
立。明妃三面六臂，每面各二目，頭戴骷髏冠，
赤髮忿怒相。左手自上而下分別持嘎巴拉碗、
法輪、蓮花，右手自上而下分別持鉞刀、金剛
杵、寶劍。展左立於橢圓形覆蓮底座上，底座
正面下沿刻「咂呼資噶佛母」名稱。供於東壁
第四層第十一龕。

圖 260　咂呼資噶佛母

177

圖 261　嫉威羅瓦金剛

Īrṣyāyamāri

通高 17 公分，底座寬 13.5 公分。

F2Sf：109（故 199889 109/122）

金剛為雙身。主尊三面六臂，每面各三目，頭
戴骷髏冠，赤髮忿怒相。赤裸全身，肩披帛帶，
腰束虎皮裙，胸前垂掛人頭項蔓，佩飾項鍊、
臂釧、手鐲、腳鐲用蛇纏繞而成。左元手捧嘎
巴拉碗，右元手持鉞刀，並於胸前擁抱明妃；
左副手自上而下分別持摩尼寶、蓮花，右副手
自上而下分別持寶劍、法輪。展左立。明妃亦
三面六臂，每面各三目，頭戴骷髏冠，赤髮忿
怒相。左手自上而下分別持嘎巴拉碗、摩尼寶、
蓮花，右手自上而下分別持鉞刀、寶劍、法輪。
左腿環繞主尊腰間，展右立於橢圓形覆蓮底座
上，底座正面下沿刻「嫉威羅瓦金剛」名稱。
供於東壁第四層第十二龕。

圖 261　嫉威羅瓦金剛

圖 262　無我佛母

Māmakī

通高 13.5 公分，底座寬 11 公分。

F2Sf：110（故 199889 110/122）

佛母為三面六臂。頭戴五葉冠，葫蘆形髮髻，
寂靜相。袒露上身，肩披帛帶，下身著裙，佩
飾項鍊、臂釧、手鐲、腳鐲。左元手持金剛鈴，
右元手持金剛杵；左副手自上而下分別持摩尼
寶、寶劍，右副手自上而下分別持法輪、蓮花。
全跏趺坐於圓邊三角形覆蓮底座上，底座正面
下沿刻「無我佛母」名稱。供於東壁第五層第
一龕。

圖 263　佛眼佛母

Buddhalocanā

通高 13.5 公分，底座寬 11 公分。

F2Sf：111（故 199889 111/122）

佛母為三面六臂。頭戴五葉冠，葫蘆形髮髻，
寂靜相。袒露上身，肩披帛帶，下身著裙，佩
飾項鍊、臂釧、手鐲、腳鐲。左元手持金剛鈴，
右元手持法輪；左副手自上而下分別持摩尼寶、
寶劍，右副手自上而下分別持金剛杵、蓮花。
全跏趺坐於圓邊三角形覆蓮底座上，底座正面
下沿刻「佛眼佛母」名稱。供於東壁第五層第
二龕。

圖 262　無我佛母

圖 263　佛眼佛母

179

圖 264　持劍威羅瓦金剛　　　　　　　　　　　　圖 265　持蓮花威羅瓦金剛

圖 264　持劍威羅瓦金剛
Khaḍgayamāri

通高 13.5 公分，底座寬 11 公分。

F2Sf：112（故 199889 112/122）

金剛為雙身。主尊三面六臂，每面各三目，頭
戴骷髏冠，赤髮忿怒相。赤裸全身，肩披帛帶，
腰束虎皮裙，佩飾項鍊、臂釧、手鐲、腳鐲。
左元手捧嘎巴拉碗，右元手持鉞刀，並於胸前
擁抱明妃；左副手自上而下分別持摩尼寶、蓮
花，右副手自上而下分別持寶劍、法輪。展左
立。明妃亦為三面六臂，每面各三目，頭戴骷
髏冠，赤髮忿怒相。左手自上而下分別持嘎巴
拉碗、摩尼寶、蓮花，右手自上而下分別持鉞
刀、寶劍、法輪。左腿環繞主尊腰間，展右立
於橢圓形覆蓮底座上，底座正面下沿刻「持劍
威羅瓦金剛」名稱。供於東壁第五層第三龕。

圖 265　持蓮花威羅瓦金剛
Padmayamāri

通高 13.5 公分，底座寬 11 公分。

F2Sf：113（故 199889 113/122）

金剛為雙身。主尊三面六臂，每面各三目，頭
戴骷髏冠，赤髮忿怒相。赤裸全身，肩披帛帶，
腰束虎皮裙，佩飾項鍊、臂釧、手鐲、腳鐲由
蛇纏繞而成。左元手捧嘎巴拉碗，右元手持鉞
刀，並於胸前擁抱明妃；左副手自上而下分別
持摩尼寶、法輪，右副手自上而下分別持蓮花、
寶劍。展左立。明妃亦為三面六臂，每面各三
目，頭戴骷髏冠，赤髮忿怒相。左手自上而下
分別持嘎巴拉碗、摩尼寶、法輪，右手自上而
下分別持鉞刀、蓮花、寶劍。左腿環繞主尊腰
間，展右立於橢圓形覆蓮底座上，底座正面下
沿刻「持蓮花威羅瓦金剛」名稱。供於東壁第
五層第四龕。

圖 266　能勝魔障金剛　　　　　　　　　　　　　圖 267　烈聲金剛

圖 266　能勝魔障金剛

bDud las rgyal byed

通高 13.5 公分，底座寬 11 公分。

F2Sf：114（故 199889 114／122）

金剛為雙身。主尊一面三目四臂，頭戴骷髏冠，
赤髮忿怒相。赤裸全身，肩披帛帶，腰束虎皮
裙，所佩飾的項鍊、臂釧、手鐲、腳鐲均由蛇
纏繞而成。左右元手各施期克印，並相交於胸
前擁抱明妃；左副手持叉，右副手舉金剛杵。
展左立，足下各踩一人，皆俯臥，並各抱一琵
琶。明妃一面三目二臂，頭戴骷髏冠，赤髮忿
怒相。左手捧嘎巴拉碗，右手舉刀。雙腿環繞
主尊腰間。橢圓形覆蓮底座，底座正面下沿刻
「能勝魔障金剛」名稱。供於東壁第五層第五
龕。

圖 267　烈聲金剛

rNgam pa sgra sgrogs

通高 13.5 公分，底座寬 11 公分。

F2Sf：115（故 199889 115／122）

金剛為雙身。主尊一面三目四臂，頭戴骷髏冠，
赤髮忿怒相。赤裸全身，肩披帛帶，腰束虎皮
裙，所佩飾的項鍊、臂釧、手鐲、腳鐲均由蛇
纏繞而成。左右元手各施期克印，並相交於胸
前擁抱明妃；左副手持蛇，右副手舉金剛杵。
展左立，足下各踩一人，皆俯臥，左足下之人
左手持蛇。明妃一面三目二臂，頭戴骷髏冠，
赤髮忿怒相。左手捧嘎巴拉碗，右手舉金剛斧。
雙腿環繞主尊腰間。橢圓形覆蓮底座，底座正
面下沿刻「烈聲金剛」名稱。供於東壁第五層
第六龕。

圖 268　甘露潭金剛

Amṛtakuṇḍalivajra

通高 13.5 公分，底座寬 11 公分。

F2Sf：116（故 199889 116／122）

金剛為雙身。主尊一面三目四臂，頭戴骷髏冠，
赤髮忿怒相。赤裸全身，肩披帛帶，腰束虎皮
裙，所佩飾的項鍊、臂釧、手鐲、腳鐲均由蛇
纏繞而成。左右元手各施期克印，並相交於胸
前擁抱明妃；左副手持兩頭尖寶劍，右副手舉
金剛杵。展左立，足下各踩一人，人皆俯臥，
手捧海螺。明妃一面三目二臂，頭戴骷髏冠，
赤髮忿怒相。左手捧嘎巴拉碗，右手持法輪；
雙腿環繞主尊腰間。橢圓形覆蓮底座，底座正
面下沿刻「甘露潭金剛」名稱。供於東壁第五
層第七龕。

圖 268　甘露潭金剛

圖 269　金剛鉤

Vajrāṅkuśa

通高 13.5 公分，底座寬 11 公分。

F2Sf：117（故 199889 117／122）

金剛為雙身。主尊一面三目二臂，頭戴骷髏冠，
赤髮忿怒相。赤裸全身，肩披帛帶，腰束虎皮
裙，所佩飾的項鍊、臂釧、手鐲、腳鐲均由蛇
纏繞而成。左手施期克印，並擁抱明妃，右手
高舉金剛鉤。展左立。明妃亦一面三目二臂，
頭戴骷髏冠，赤髮忿怒相。左手施期克印，右
手持金剛鉤。左腿環繞主尊腰間，展右立於橢
圓形覆蓮底座上，底座正面下沿刻「金剛鉤」
名稱。供於東壁第五層第八龕。

圖 269　金剛鉤

圖 270　遊戲母

Lāsyā

通高 13.5 公分，底座寬 11 公分。

F2Sf：118（故 199889 118/122）

佛母為一面二臂。頭戴骷髏冠，赤髮天衣，忿
怒相。袒露上身，肩披帛帶，下身著裙，佩飾
項鍊、臂釧、手鐲、腳鐲。左手施與願印，右
手舉金剛杵。舞立姿態。橢圓形覆蓮底座，底
座正面下沿刻「遊戲母」名稱。供於東壁第五
層第九龕。

圖 271　歌唄母

Gītā

通高 13.5 公分，底座寬 11 公分。

F2Sf：119（故 199889 119/122）

佛母為一面二臂。頭戴骷髏冠，赤髮天衣，忿
怒相。袒露上身，肩披帛帶，下身著裙，佩飾
項鍊、臂釧、手鐲、腳鐲。雙手抱琵琶。舞立
姿態。橢圓形覆蓮底座，底座正面下沿刻「歌
唄母」名稱。供於東壁第五層第十龕。

圖 270　遊戲母

圖 271　歌唄母

圖 272　持鬘母
Mālyā

通高 13.5 公分，底座寬 11 公分。

F2Sf：120（故 199889 120/122）

佛母為一面二臂。頭戴骷髏冠，赤髮天衣，忿怒相。祖露上身，肩披帛帶，下身著裙，佩飾項鍊、臂釧、手鐲、腳鐲。雙手持環形長鬘。舞立姿態。橢圓形覆蓮底座，底座正面下沿刻「持鬘母」名稱。供於東壁第五層第十一龕。

圖 273　妙舞母
Nṛtyā

通高 13.5 公分，底座寬 11 公分。

F2Sf：121（故 199889 121/122）

佛母為一面二臂。頭戴骷髏冠，赤髮天衣，忿怒相。祖露上身，肩披帛帶，下身著裙，佩飾項鍊、臂釧、手鐲、腳鐲。雙手各持一金剛杵。舞立姿態。橢圓形覆蓮底座，底座正面下沿刻「妙舞母」名稱。供於東壁第五層第十二龕。

圖 274　威光金剛
rDo rje gzi brjid

通高 13.5 公分，底座寬 11 公分。

F2Sf：122（故 199889 122/122）

金剛為雙身。主尊一面三目四臂，頭戴骷髏冠，赤髮忿怒相。赤裸全身，肩披帛帶，腰束虎皮裙，胸前垂掛人頭項蔓，所佩飾的項鍊、臂釧、手鐲、腳鐲均由蛇纏繞而成。左元手施期克印，右元手持金剛錘，雙臂相交於胸前並擁抱明妃；左副手金剛棒，右副手持金剛杵。展左立，雙足下各踩一人，皆俯臥，二人手中各持一金剛棒。明妃一面三目二臂，頭戴骷髏冠，赤髮忿怒相。左手捧嘎巴拉碗，右手舉鉞刀。雙腿環繞主尊腰間。橢圓形覆蓮底座，底座正面下沿刻「威光金剛」名稱。供於東壁第五層第十三龕。

圖 272　持鬘母

圖 273　妙舞母

184

圖 274　威光金剛

三室無上陰體根本品佛像

三室樓上北壁設供案，須彌長座之上供無上陰體根本品九尊六品佛，正中上樂王佛、右一白上樂王佛、左一持嘎巴拉喜金剛佛、右二持兵器喜金剛佛、左二大幻金剛佛、右三佛陀嘎巴拉佛、左三時輪王佛、右四瑜伽虛空佛、左四佛海觀世音佛。

圖 275　瑜伽虛空佛
Yogāmbara

通高 39 公分，底座寬 27 公分。

F3SF：1（故 199897 9/9）

此佛位置右四。為雙身。主尊三面六臂，每面各三目。頭戴五葉冠，葫蘆形髮髻，寂靜相。袒露上身，肩披帛帶，下身著裙，佩飾耳璫、項鍊、臂釧、手鐲、腳鐲。左元手持金剛鈴，右元手持金剛杵，雙臂相交，擁抱明妃；左副手自上而下分別持弓、嘎巴拉碗，右副手自上而下分別施說法印、持箭。全跏趺坐。明妃一面三目兩臂，頭戴五葉冠，葫蘆形髮髻，寂靜相。左手捧嘎巴拉碗，右手持物佚失。雙腿環繞主尊腰間。圓邊三角形底座。

圖 275　瑜伽虛空佛

圖 276　佛陀嘎巴拉佛

Buddhakapāla

通高 39 公分，底座寬 27 公分。

F3SF：2（故 199897 8/9）

此佛位置右三。為雙身。主尊一面三目四臂。
頭戴骷髏冠，葫蘆形髮髻，耳後有束髮繪帶，
嗔怒相。赤裸全身，腰束虎皮裙，佩飾耳璫、
人頭和骷髏頭項鬘、臂釧、手鐲、腳鐲。左元
手捧嘎巴拉碗，並擁抱明妃；右元手持鉞刀；
左副手持喀章嘎，右副手持嘎巴拉鼓。舞立，
足下踩一俯臥之人。明妃一面三目二臂，頭戴
骷髏冠，葫蘆形髮髻，嗔怒相。左手捧嘎巴拉
碗，右手持鉞刀。雙腿環繞主尊腰間。橢圓形
覆蓮底座。

圖 276　佛陀嘎巴拉佛

圖 277　持兵器喜金剛佛

Śastradhara-Hevajra

通高 39 公分，底座寬 27 公分。

F3SF：3（故 199897 7/9）

此佛位置右二。為雙身。主尊八面十六臂四足。
八面分兩層：上層一面，在赤髮中；下層七面。
每面各三目，頭戴骷髏冠，赤髮忿怒相。赤裸
全身，肩披帛帶，腰束虎皮裙，佩飾耳璫、人
頭和骷髏頭項鬘、臂釧、手鐲、腳鐲。左元手
持金剛鈴，右元手持金剛杵，雙臂相交，擁抱
明妃；左副手自上而下分別持花枝、弓、喀章
嘎、嘎巴拉碗、期克手印、喀章嘎、羂索，右
副手自上而下分別持寶劍、箭、法輪、嘎巴拉
碗、顱棒、三尖叉、金剛斧。前一對足展右立，
後一對足舞立。前一對足下各踩二人，皆俯臥，
手持法器。明妃一面三目二臂，頭戴骷髏冠，
忿怒相。左手舉嘎巴拉碗，右手持鉞刀。右腿
環繞主尊腰間，展右立於橢圓形覆蓮底座上。

圖 277　持兵器喜金剛佛（右頁圖為局部）

圖 278　白上樂王佛

Sita-Saṃvara

通高 39 公分，底座寬 27 公分。

F3SF：4（故 199897 6/9）

此佛位置右一。為雙身。主尊一面二臂。頭戴
五葉冠，葫蘆形髮髻，耳後有束髮繒帶，寂靜
相。袒露上身，肩披帛帶，下身著裙，佩飾耳
璫、項鍊、臂釧、手鐲、腳鐲。雙手各捧一寶瓶，
並相交於胸前，擁抱明妃。全跏趺坐。明妃亦
一面二臂，頭戴五葉冠，葫蘆形髮髻，寂靜相。
雙手各高舉一嘎巴拉碗；雙腿環繞主尊腰間。
圓邊三角形底座。

圖 279　上樂王佛

Saṃvara

通高 39 公分，底座寬 27 公分。

F3SF：5（故 199897 5/9）

此佛位置正中。為雙身。主尊四面十二臂，
每面各三目。頭戴骷髏冠，葫蘆形髮髻，
嗔怒相。赤裸全身，肩披帛帶，腰束虎皮
裙，佩飾耳璫、人頭項鬘、臂釧、手鐲、腳鐲。
左元手持金剛鈴，右元手持金剛杵，雙臂相交，
擁抱明妃；副手分兩層，外層左手持喀章嘎，
右手持嘎巴拉鼓；內層左副手自上而下分別握
象皮一角、捧嘎巴拉碗、持羂索、提人頭，右
副手自上而下分別握象皮一角、持金剛斧、持
鉞刀、持三尖叉。展右立，雙足下各踩一人，
左足下之人仰臥，右足下之人俯臥，手持法器。
明妃一面三目二臂，頭戴骷髏冠，葫蘆形髮髻，
嗔怒相。左手捧嘎巴拉碗，右手高舉鉞刀。雙
腿環繞主尊腰間。橢圓形覆蓮底座。

圖 279　上樂王佛

圖 278 白上樂王佛

圖 280　持嘎巴拉喜金剛佛

Kapāladhara-Hevajra

通高 39 公分，底座寬 27 公分。

F3SF：6（故 199897 4/9）

此佛位置左一。為雙身。主尊八面十六臂四足。
八面分兩層：上層一面，在赤髮中；下層七面，
每面各三目。頭戴骷髏冠，赤髮忿怒相。赤裸
全身，肩披帛帶，腰束虎皮裙，垂掛人頭項鬘，
佩飾項鍊、臂釧、手鐲、腳鐲。左右元手各捧
一嘎巴拉碗，雙臂相交，擁抱明妃；左副手全
捧嘎巴拉碗，碗上各坐一佛；右副手亦全捧嘎
巴拉碗，碗上分別立有羊、牛等獸類。前一對
足展右立，後一對足舞立。主尊前一對足下各
踩二人，皆俯臥，手持法器。明妃一面三目二
臂，頭戴骷髏冠，赤髮天衣，忿怒相。左手捧
嘎巴拉碗，右手高舉鉞刀。右腿環繞主尊腰間，
展左立於橢圓形覆蓮底座上。

圖 280　持嘎巴拉喜金剛佛

圖281 大幻金剛佛

Mahāmāyāvajra

通高 39 公分，底座寬 27 公分。

F3SF：7（故 199897 3/9）

此佛位置左二。為雙身。主尊四面四臂，每面
各三目。頭戴骷髏冠，葫蘆形髮髻，嗔怒相。
赤裸全身，肩披人皮，腰束虎皮裙，垂掛人頭
項鬘，佩飾項鍊、臂釧、手鐲、腳鐲。右元手
捧嘎巴拉碗，並擁抱明妃；左元手及左、右副
手手持物均佚失。舞立。明妃亦四面四臂，每
面各三目，頭戴骷髏冠，葫蘆形髮髻，嗔怒相。
左手自上而下分別持喀章嘎（佚失）、弓，右
手自上而下分別捧嘎巴拉碗、箭。右腿環繞主
尊腰間，左腿舞立於橢圓形覆蓮底座上。

圖 281　大幻金剛佛

193

圖 282　時輪王佛

Kālacakraraja

通高 39 公分，底座寬 27 公分。

F3SF：8（故 199897 1/9）

此佛位置左三。為雙身。土尊四面二十四臂，每面各三目。頭戴骷髏冠，葫蘆形髮髻，嗔怒相。赤裸全身，肩披帛帶，腰束虎皮裙，佩飾耳璫、項鍊、臂釧、手鐲、腳鐲。左元手持金剛鈴，右元手持金剛杵，雙臂相交，擁抱明妃。副手分兩層，內層左副手持獸面盾牌，右副手持火焰寶劍；外層左副手自上而下分別持喀章嘎、嘎巴拉碗、弓、羂索（佚失）、摩尼寶、蓮花、海螺、寶珠（佚失）、金剛鎖、梵天頭，右副手自上而下分別持三尖叉、鉞刀、三枝箭、金剛鉤、嘎巴拉鼓、金剛錘、法輪、槍、針、金剛斧。展右立於單層覆蓮底座上。明妃四面三目八臂，頭戴五葉冠，嗔怒相。赤裸全身，佩飾耳璫、項鍊、臂釧、手鐲、腳鐲、腰纏瓔珞；左手自上而下分別持嘎巴拉碗、羂索、蓮花、摩尼寶，右手自上而下分別持鉞刀、金剛鉤、嘎巴拉鼓、念珠。展左立。主尊與明妃足下共踏一人，皆仰臥，左足下之人高舉嘎巴拉鼓、槍等法器；右足下之人手舉箭、弓等法器；俯臥之人旁邊各另有一人，單腿跪坐。人下為橢圓形覆蓮底座。

圖 282　時輪王佛

194

圖 283　佛海觀世音佛

Jinasāgara-Avalokiteśvara

通高 39 公分，底座寬 27 公分。

F3SF：9（故 199897 2/9）

此佛位置左四。為雙身。主尊一面二臂。頭戴
五葉冠，葫蘆形髮髻，耳後有束髮繒帶，嗔怒
相。赤裸全身，肩披帛帶，佩飾耳璫、項鍊、
臂釧、手鐲、腳鐲。左手執蓮花莖，蓮花置於
左肩，右手持念珠，雙臂擁抱明妃。展右立。
明妃一面三目兩臂，頭戴五葉冠，葫蘆形髮髻，
嗔怒相。左手舉嘎巴拉碗，右手舉嘎巴拉鼓。
雙腿環繞主尊腰間。橢圓形覆蓮底座。

圖 284　三室西壁佛格

圖 283　佛海觀世音佛

195

圖 284　三室西壁佛格

三室西壁佛格佛像

圖 285　達呼嘛達都佛母
Dharmodayā

通高 13.5 公分，底座寬 11 公分。

F3Sf：1（故 199890 1/122）

佛母為一面三目二臂，女身。頭戴骷髏冠，赤髮高聳，耳後有束髮繒帶，忿怒相。赤裸全身，佩飾耳璫、人頭項鬘、臂釧、手鐲、腳鐲。左手托舉三角塊狀物，右手叉腰施期克印。舞立姿態，足下踩一人。橢圓形覆蓮底座，底座正面下沿刻「達呼嘛達都佛母」名稱。供於西壁第一層第一龕。

圖 286　蓮花吒噶佛母
Padmaḍāka

通高 13.5 公分，底座寬 11 公分。

F3Sf：2（故 199890 2/122）

佛母為雙身。主尊八面十六臂四足。八面分兩層：上層一面，在赤髮中；下層七面。每面各三目，頭戴骷髏冠，赤髮忿怒相。赤裸全身，肩披帛帶，佩飾耳璫、人頭項鬘、臂釧、手鐲、腳鐲。左右元手各捧嘎巴拉碗，雙臂相交，擁抱明妃；其餘十四臂亦各捧一嘎巴拉碗，嘎巴拉碗內置各種飛禽走獸。展左立，足下踩一人。明妃一面三目二臂，頭戴骷髏冠，赤髮天衣，忿怒相。左手舉嘎巴拉碗，右手持鉞刀。左腿環繞主尊腰間，展右立於橢圓形覆蓮底座上，底座正面下沿刻「蓮花吒噶佛母」名稱。供於西壁第一層第二龕。

圖 287　持蓮花佛母
Padmā

通高 13.5 公分，底座寬 11 公分。

F3Sf：3（故 199890 3/122）

佛母為一面三目二臂，女身。頭戴骷髏冠，赤髮高聳，耳後有束髮繒帶，忿怒相。赤裸全身，佩飾耳璫、人頭項鬘、臂釧、手鐲、腳鐲。雙手合持一長枝帶葉蓮花。舞立姿態，足下踩一人。橢圓形覆蓮底座，底座正面下沿刻「持蓮花佛母」名稱。供於西壁第一層第三龕。

圖 288　歌唄佛母
Gītā

通高 13.5 公分，底座寬 11 公分。

F3Sf：4（故 199890 4/122）

佛母為一面三目二臂，女身。頭戴骷髏冠，赤髮高聳，耳後有束髮繒帶，忿怒相。赤裸全身，佩飾耳璫、人頭項鬘、臂釧、手鐲、腳鐲。雙手各持一小鈴鐺。舞立姿態，足下踩一人，俯臥，戴尖頂帽。橢圓形覆蓮底座，底座正面下沿刻「歌唄佛母」名稱。供於西壁第一層第四龕。

圖 289　妙舞佛母
Nṛtyā

通高 13.5 公分，底座寬 11 公分。

F3Sf：5（故 199890 5/122）

佛母為一面三目二臂，女身。頭戴骷髏冠，赤髮高聳，忿怒相。赤裸全身，佩飾耳璫、人頭項鬘、臂釧、手鐲、腳鐲。雙手各持一金剛杵，並相交舉過頭頂。舞立姿態，足下踩一人。橢圓形覆蓮底座，底座正面下沿刻「妙舞佛母」名稱。供於西壁第一層第五龕。

圖 285　達呼嘛達都佛母

圖286 蓮花吒噶佛母

圖288 歌唄佛母

圖287 持蓮花佛母

圖289 妙舞佛母

圖 290　遊戲佛母

Lāsyā

通高 13.5 公分，底座寬 11 公分。

F3Sf：6（故 199890 6/122）

佛母為一面三目二臂，女身。頭戴骷髏冠，赤髮高聳，耳後有束髮繒帶，忿怒相。赤裸全身，佩飾耳璫、人頭項鬘、臂釧、手鐲、腳鐲。左手持金剛杵於胸前，右手施期克印於腰間。舞立姿態，足下踩一人。橢圓形覆蓮底座，底座正面下沿刻「遊戲佛母」名稱。供於西壁第一層第六龕。

圖 291　持鬘佛母

Mālyā

通高 13.5 公分，底座寬 11 公分。

F3Sf：7（故 199890 7/122）

佛母為一面三目二臂，女身。頭戴骷髏冠，赤髮高聳，耳後有束髮繒帶，忿怒相。赤裸全身，佩飾耳璫、人頭項鬘、臂釧、手鐲、腳鐲。雙手持串珠長鬘。舞立姿態，足下踩一人，俯臥，戴尖頂帽。橢圓形覆蓮底座，底座正面下沿刻「持鬘佛母」名稱。供於西壁第一層第七龕。

圖 292　持鐲佛母

Sphoṭā

通高 13.5 公分，底座寬 11 公分。

F3Sf：8（故 199890 8/122）

佛母為一面三目二臂，女身。頭戴骷髏冠，赤髮高聳，耳後有束髮繒帶，忿怒相。赤裸全身，佩飾耳璫、人頭項鬘、臂釧、手鐲、腳鐲。雙手持鐲鏈。舞立姿態，足下踩一人。橢圓形覆蓮底座，底座正面下沿刻「持鐲佛母」名稱。供於西壁第一層第八龕。

圖 293　布達天

Budha

通高 13.5 公分，底座寬 11 公分。

F3Sf：9（故 199890 9/122）

神為一面二臂。頭戴五葉冠，葫蘆形髮髻，耳後有束髮繒帶，寂靜相。袒露上身，肩披帛帶，下身著裙，佩飾耳璫、項鍊、臂釧、手鐲、腳鐲。左手放左腿上，右手舉一鏡狀物。右舒坐於圓邊三角形覆蓮底座上，底座正面下沿刻「布達天」名稱。供於西壁第一層第九龕。

圖 294　交捥〔腕〕手印佛母

Svāśleṣā

通高 13.5 公分，底座寬 11 公分。

F3Sf：10（故 199890 10/122）

佛母為一面三目二臂，女身。頭戴骷髏冠，赤髮高聳，耳後有束髮繒帶，忿怒相。赤裸全身，佩飾耳璫、人頭項鍊、臂釧、手鐲、腳鐲。左手持牛角杯，右手持金剛杵，雙臂相交於胸前。舞立姿態，足下踩一人。橢圓形覆蓮底座，底座正面下沿刻「交捥手印佛母」名稱。供於西壁第一層第十龕。

圖 290　遊戲佛母

圖 291 持鬘佛母

圖 293 布達天

圖 292 持鐲佛母

圖 294 交捥〔腕〕手印佛母

圖 295　鬼母天
Hārītī

通高 13 公分，底座寬 11 公分。

F3Sf：11（故 199890 11/122）

神為一面二臂，女身。頭戴五葉冠，葫蘆形髮髻，耳後有束髮繒帶，嗔怒相。袒露上身，肩披帛帶，下身著裙，佩飾耳璫、項鍊、臂釧、手鐲、腳鐲。左手撫座面施說法印，右手捧魚。右舒坐於圓邊三角形覆蓮底座上，底座正面下沿刻「鬼母天」名稱。供於西壁第一層第十一龕。

圖 296　達努天
Dhanus

通高 13 公分，底座寬 11 公分。

F3Sf：12（故 199890 12/122）

神為一面二臂，女身。頭戴五葉冠，葫蘆形髮髻，耳後有束髮繒帶，寂靜相。袒露上身，肩披帛帶，下身著裙，佩飾耳璫、項鍊、臂釧、手鐲、腳鐲。左手舉金剛鈴，右手持金剛杵，手背搭於右膝。右舒坐於圓邊三角形覆蓮底座上，底座正面下沿刻「達努天」名稱。供於西壁第一層第十二龕。

圖 297　呼克達卡天
Aṅgāraka (Mig dmar)

通高 13.5 公分，底座寬 11 公分。

F3Sf：13（故 199890 13/122）

神為一面二臂，女身。頭戴五葉冠，葫蘆形髮髻，耳後有束髮繒帶，嗔怒相。袒露上身，肩披帛帶，下身著裙，佩飾耳璫、項鍊、臂釧、手鐲、腳鐲。左手舉火焰寶珠，右手施期克印。右舒坐於圓邊三角形覆蓮底座上，底座正面下沿刻「呼克達卡天」名稱。供於西壁第一層第十三龕。

圖 298　持日佛母
Sūryahastā

通高 17.5 公分，底座寬 13.5 公分。

F3Sf：14（故 199890 14/122）

佛母為一面三目二臂，女身。頭戴骷髏冠，赤髮高聳，耳後有束髮繒帶，忿怒相。赤裸全身，佩飾耳璫、人頭項鬘、臂釧、手鐲、腳鐲。左手捧一日輪，右手施說法印。舞立姿態，足下踩一人。橢圓形覆蓮底座，底座正面下沿刻「持日佛母」名稱。供於西壁第二層第一龕。

圖 299　持雙燈佛母
Dīpā

通高 16.5 公分，底座寬 13.5 公分。

F3Sf：15（故 199890 15/122）

佛母為一面三目二臂，女身。頭戴骷髏冠，赤髮高聳，耳後有束髮繒帶，忿怒相。赤裸全身，佩飾耳璫、人頭項鬘、臂釧、手鐲、腳鐲。左手持物佚失，右手托一燭台。舞立姿態，足下踩一人。橢圓形覆蓮底座，底座正面下沿刻「持雙燈佛母」名稱。供於西壁第二層第二龕。

圖 295　鬼母天

圖 296 達努天

圖 298 持日佛母

圖 297 呼克達卡天

圖 299 持雙燈佛母

圖 300　持塗佛母

Gandhā

通高 16.5 公分，底座寬 13.5 公分。

F3Sf：16（故 199890 16/122）

佛母為一面三目二臂，女身。頭戴骷髏冠，赤
髮高聳，耳後有束髮繒帶，忿怒相。赤裸全身，
佩飾耳璫、人頭項鬘、臂釧、手鐲、腳鐲。左
手捧海螺，右手施說法印。舞立姿態，足下踩
一人。橢圓形覆蓮底座，底座正面下沿刻「持
塗佛母」名稱。供於西壁第二層第三龕。

圖 301　寶貝吒噶

Ratnaḍāka

通高 17.5 公分，底座寬 13.5 公分。

F3Sf：17（故 199890 17/122）

神為雙身。主尊八面十六臂四足。八面分兩層：
上層一面，在赤髮中；下層七面。每面各三目，
頭戴骷髏冠，赤髮忿怒相。赤裸全身，佩飾耳
璫、人頭項鬘、臂釧、手鐲、腳鐲。八隻左手
各捧一嘎巴拉碗，碗內各置一尊坐佛；八隻右
手亦各捧一嘎巴拉碗，碗內各置一飛禽。左右
元手相交，擁抱明妃。主足展左立，足下踩一
人；副足舞立。明妃一面三目二臂，頭戴骷髏
冠，赤髮天衣，忿怒相。左手持鉞刀，右手捧
嘎巴拉碗。左足纏繞主尊腰間，展右立於橢圓
形覆蓮底座上，底座正面下沿刻「寶唄吒噶」
名稱。供於西壁第二層第四龕。

圖 300　持塗佛母

204

圖 301　寶貝吒噶

圖 302　持香佛母

Dhūpā

通高 16.5 公分，底座寬 13.5 公分。

F3Sf：18（故 199890 18／122）

佛母為一面三目二臂，女身。頭戴骷髏冠，赤髮高聳，耳後有束髮繒帶，忿怒相。赤裸全身，佩飾耳璫、人頭項鬘、臂釧、手鐲、腳鐲。左手施無畏印，右手托圓罐，罐內插香木。舞立姿態，足下踩一人。橢圓形覆蓮底座，底座正面下沿刻「持香佛母」名稱。供於西壁第二層第五龕。

圖 303　持燈佛母

Dīpā

通高 16.5 公分，底座寬 13.5 公分。

F3Sf：19（故 199890 19／122）

佛母為一面三目二臂，女身。頭戴骷髏冠，赤髮高聳，耳後有束髮繒帶，忿怒相。赤裸全身，佩飾耳璫、人頭項鬘、臂釧、手鐲、腳鐲。左手施無畏印，右手持燈（佚失）。舞立姿態，足下踩一人。橢圓形覆蓮底座，底座正面下沿刻「持燈佛母」名稱。供於西壁第二層第六龕。

圖 304　持電佛母

Taḍitkarā

通高 16.5 公分，底座寬 13.5 公分。

F3Sf：20（故 199890 20／122）

佛母為一面三目二臂，女身。頭戴骷髏冠，赤髮高聳，耳後有束髮繒帶，忿怒相。赤裸全身，佩飾耳璫、人頭項鍊、臂釧、手鐲、腳鐲。雙手持長枝花葉狀物表閃電。舞立姿態，足下踩一人。橢圓形覆蓮底座，底座正面下沿刻「持電佛母」名稱。供於西壁第二層第七龕。

圖 305　持流星佛母

Ratnolkā

通高 16.5 公分，底座寬 13.5 公分。

F3Sf：21（故 199890 21／122）

佛母為一面三目二臂，女身。頭戴骷髏冠，赤髮高聳，耳後有束髮繒帶，忿怒相。赤裸全身，佩飾耳璫、人頭項鬘、臂釧、手鐲、腳鐲。左手施無畏印，右手托摩尼寶。舞立姿態，足下踩一人。橢圓形覆蓮底座，底座正面下沿刻「持流星佛母」名稱。供於西壁第二層第八龕。

圖 306　隆寓天

Gaṇapati (?)

通高 17 公分，底座寬 13.5 公分。

F3Sf：22（故 199890 22／122）

神為一面二臂。面為象面，頭戴五葉冠，葫蘆形髮髻，耳後有束髮繒帶，寂靜相。袒露上身，肩披帛帶，下身著裙，佩飾項鍊、臂釧、手鐲、腳鐲。左手捧發光寶珠，右手捧嘎巴拉碗。左舒坐於象背上。橢圓形覆蓮底座，底座正面下沿刻「隆寓天」名稱。供於西壁第二層第九龕。

圖 302　持香佛母

圖 303　持燈佛母

圖 305　持流星佛母

圖 304　持電佛母

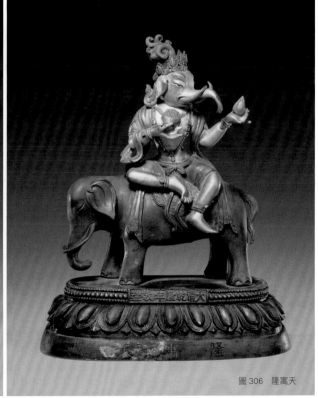

圖 306　隆寅天

圖307　嚟〔離〕西天 　　　　　　　　　　　　　　圖308　麻嘎呼天

圖307　嚟〔離〕西天

通高 16.6 公分，底座寬 13.5 公分。

F3Sf：23（故 199890 23／122）

神為一面二臂。頭戴五葉冠，葫蘆形髮髻，耳
後有束髮繒帶，寂靜相。袒露上身，肩披帛帶，
下身著裙，佩飾耳璫、項鍊、臂釧、手鐲、腳鐲。
左手持金剛鈴，右手持金剛杵。右舒坐於圓邊
三角形覆蓮底座上，底座正面下沿刻「嚟西天」
名稱。供於西壁第二層第十龕。

圖308　麻嘎呼天
Makara

通高 16.5 公分，底座寬 13.5 公分。

F3Sf：24（故 199890 24／122）

神為一面二臂。頭戴五葉冠，葫蘆形髮髻，耳
後有束髮繒帶，寂靜相。袒露上身，肩披帛帶，
下身著裙，佩飾耳璫、項鍊、臂釧、手鐲、腳鐲。
左手持金剛鈴，右手持金剛杵。右舒坐於圓邊
三角形覆蓮底座上，底座正面下沿刻「麻嘎呼
天」名稱。供於西壁第二層第十一龕。

圖 309　嶽〔獄〕主天

圖 310　甘吒巴

圖 309　嶽〔獄〕主天

Yama

通高 16.5 公分，底座寬 13.5 公分。

F3Sf：25（故 199890 25／122）

神為一面四臂。頭戴五葉冠，葫蘆形髮髻，耳
後有束髮繒帶，微嗔相。袒露上身，肩披帛帶，
下身著裙，佩飾耳璫、項鍊、臂釧、手鐲、腳
鐲。左元手持金剛鐲，右元手持寶劍；左副手
拿羂索，右副手持寶劍。右舒坐於圓邊三角形
覆蓮底座上，底座正面下沿刻「嶽主天」名稱。
供於西壁第二層第十二龕。

圖 310　甘吒巴

Ghaṇṭāpāda

通高 19.5 公分，底座長 16 公分，底座寬 10.6 公分。

F3Sf：26（故 199890 26／122）

祖師為一面二臂。印度大成就者像，頭頂挽髻，
留鬚。袒露上身，右肩和左腿間繫禪定帶，下
身著裙，佩飾臂釧、手鐲、腳鐲。左手持金剛
鈴，右手持金剛杵，身後左側有一圓水罐。半
跏趺坐於一上鋪獸皮的梯形底座上，底座正面
下沿刻「甘吒巴」名稱。供於西壁第三層第一
龕。

圖311 白上樂王

Sita-Saṃvara

通高 19.5 公分，底座寬 15.5 公分。

「コSf：27（故 199890 27／122）

佛為雙身。主尊一面三目二臂，頭戴五葉冠，
葫蘆形髮髻，耳後有束髮繒帶，嗔怒相。祖露
上身，肩披帛帶，下身著裙，佩飾耳璫、項鍊、
臂釧、手鐲、腳鐲。雙手各托一寶瓶，雙臂相
交，擁抱明妃；全跏趺坐。明妃亦為一面三目
二臂，頭戴五葉冠，葫蘆形髮髻，嗔怒相。祖
露上身，肩披帛帶，下身著裙；雙手各舉一嘎
巴拉碗。雙腿環繞主尊腰間。圓邊三角形覆蓮
底座，底座正面下沿刻「白上樂王」名稱。供
於西壁第三層第二龕。

圖311 白上樂王

圖 312 　上樂王佛

Saṃvara

通高 20.5 公分，底座寬 16.5 公分。

F3Sf：28（故 199890 28/122）

佛為雙身。主尊四面十二臂，每面各三目，頭
戴骷髏冠，葫蘆形髮髻，髮髻左側飾一月牙，
嗔怒相。赤裸全身，肩披帛帶，身披象皮，腰
束虎皮裙，佩飾耳璫、人頭和骷髏頭項鬘、臂
釧、手鐲、腳鐲。左元手持金剛鈴，右元手持
金剛杵，雙臂相交，擁抱明妃。副手分兩層，
外層左手持喀章嘎，右手持嘎巴拉鼓；內層左
副手自上而下分別握象皮一角、捧嘎巴拉碗、
持羂索、提梵天頭，右副手自上而下分別握象
皮一角、持鉞斧、鉞刀、三尖叉。展右立，雙
足下各踩一人，皆俯臥，手持法器。明妃一面
三目二臂，頭戴骷髏冠，葫蘆形髮髻，嗔怒相。
左手捧嘎巴拉碗，右手高舉鉞刀。雙腿環繞主
尊腰間。橢圓形覆蓮底座，底座正面下沿刻「上
樂王佛」名稱。供於西壁第三層第三龕。

圖 312　上樂王佛

211

圖 313　五佛上樂王佛

圖 313　五佛上樂王佛

Pañcabuddha-Saṃvara

通高 20 公分，底座寬 16 公分。

F3Sf：29（故 199890 29/122）

佛為雙身，主尊四面十二臂，每面各三目，頭戴骷髏冠，葫蘆形髮髻，髮髻左側飾一月牙，嗔怒相。赤裸全身，肩披帛帶，身披象皮，腰束虎皮裙，佩飾耳璫、人頭和骷髏頭項鍊、臂釧、手鐲、腳鐲。左元手持金剛鈴，右元手持金剛杵，雙臂相交，擁抱明妃。副手分兩層，外層左手持喀章嘎，右手持嘎巴拉鼓；內層左副手自上而下分別握象皮一角、捧嘎巴拉碗、羂索、提梵天頭，右副手自上而下分別握象皮一角、持鉞斧、鉞刀、施期克印。展右立，雙足下各踩一人，仰臥。雙足兩側還各有二人，皆女身，頭戴骷髏冠，赤髮高聳，嗔怒相，赤裸全身，佩飾骷髏頭項鬘，舞立。左側前排一人一面四臂，左元手捧嘎巴拉碗，右元手持喀章嘎；左副手持喀章嘎，右副手持嘎巴拉鼓。左側後排一人一面四臂，左元手持喀章嘎，右元手持寶劍；左副手施期克印，右副手持嘎巴拉鼓。右側前排一人一面二臂，左手持嘎巴拉碗，右手持嘎巴拉鼓。右側後排一人一面四臂，左元手捧嘎巴拉碗，右元手持寶劍；左副手持嘎巴拉鼓，右副手舉嘎巴拉鼓。明妃一面三目二臂，頭戴骷髏冠，葫蘆形髮髻，嗔怒相。左手捧嘎巴拉碗，右手持鉞刀。雙腿環繞主尊腰間。橢圓形覆蓮底座，底座正面下沿刻「五佛上樂王佛」名稱。供於西壁第三層第四龕。

圖314　本生上樂王佛

Sahaja-Saṃvara

通高 20 公分，底座寬 16 公分。

F3Sf：30（故 199890 30／122）

佛為雙身。主尊一面三目二臂，頭戴骷髏冠，葫蘆形髮髻，髮髻左側飾一月牙，嗔怒相。赤裸全身，肩披帛帶，腰束虎皮裙，佩飾耳璫、人頭和骷髏頭項鬘、臂釧、手鐲、腳鐲。左手持金剛鈴，右手持金剛杵，雙臂相交，擁抱明妃。展右立，雙足下各踩一人。左足下之人一面四臂，仰臥，左元手斷缺，右元手垂掌；左副手持喀章嘎，右副手立掌。右足下之人一面四臂，俯臥，左右元手交叉枕領下，左副手持寶劍，右副手持蓮花。明妃一面三目二臂，頭戴骷髏冠，赤髮忿怒相。左手捧嘎巴拉碗，右手舉鉞刀。雙腿環繞主尊腰間。橢圓形覆蓮底座，底座正面下沿刻「本生上樂王佛」名稱。供於西壁第三層第五龕。

圖 314　本生上樂王佛

圖315　金剛亥母

Vajravārāhī

通高 20 公分，底座寬 16 公分。

F3Sf：31（故 199890 31／122）

佛母為一面三目二臂，女身。頭戴骷髏冠，赤髮高聳，髮間右側現一豬頭，耳後有束髮繒帶，忿怒相。赤裸全身，腰束虎皮裙，佩飾耳璫、人頭項鬘、臂釧、手鐲、腳鐲。左手捧嘎巴拉碗，左臂彎夾喀章嘎，右手舉金剛杵。舞立姿態，足下踩一人。橢圓形覆蓮底座，底座正面下沿刻「金剛亥母」名稱。供於西壁第三層第六龕。

圖 315　金剛亥母

圖 316　金剛岳機尼佛母

Vajraḍākinī

通高 20 公分，底座寬 15.5 公分。

F3Sf：32（故 199890 32／122）

佛母為一面三目二臂，女身。頭戴骷髏冠，赤
髮高聳，耳後有束髮繒帶，忿怒相。赤裸全身，
佩飾耳璫、人頭項鬘、臂釧、手鐲、腳鐲。左
手捧嘎巴拉碗，左臂彎夾喀章嘎連金剛錘，右
手持鉞刀。左腿高抬，右腿舞立於橢圓形覆蓮
底座上，底座正面下沿刻「金剛岳機尼佛母」
名稱。供於西壁第三層第七龕。

圖 316　金剛岳機尼佛母（左右頁圖）

圖 317　帝釋天

Śakra

通高 20 公分，底座寬 16 公分。

F3Sf：33（故 199890 33／122）

神為一面四臂。頭戴五葉冠，葫蘆形髮髻，耳後有束髮繒帶，寂靜相。袒露上身，肩披帛帶，下身著裙，佩飾耳璫、項鍊、臂釧、手鐲、腳鐲。左元手持金剛鈴，右元手持金剛杵；左副手持弓，右副手持箭。右舒坐於圓邊三角形覆蓮底座上，底座正面下沿刻「帝釋天」名稱。供於西壁第三層第八龕。

圖 318　月天

Candra

通高 20 公分，底座寬 16 公分。

F3Sf：34（故 199890 34／122）

神為一面二臂。頭戴五葉冠，葫蘆形髮髻，耳後有束髮繒帶，寂靜相。袒露上身，肩披帛帶，下身著裙，佩飾耳璫、項鍊、臂釧、手鐲、腳鐲。左手置於左腿上，掌心朝下；右手於胸前托摩尼寶。右舒坐於圓邊三角形覆蓮底座上，底座正面下沿刻「月天」名稱。供於西壁第三層第九龕。

圖 317　帝釋天

圖 318　月天

圖 319　蜜那天

Mīna

通高 20 公分，底座寬 16 公分。

F3Sf：35（故 199890 35／122）

神為一面二臂，女身。頭戴五葉冠，葫蘆形髮
髻，耳後有束髮繒帶，嗔怒相。袒露上身，肩
披帛帶，下身著裙，佩飾耳璫、項鍊、臂釧、
手鐲、腳鐲。左手舉嘎巴拉鼓，右手於胸前托
發光寶珠。右舒坐於圓邊三角形覆蓮底座上，
底座正面下沿刻「蜜那天」名稱。供於西壁第
三層第十龕。

圖 320　日光天

Sūrya

通高 20 公分，底座寬 16 公分。

F3Sf：36（故 199890 36／122）

神為一面二臂。頭戴五葉冠，葫蘆形髮髻，耳
後有束髮繒帶，嗔怒相。袒露上身，肩披帛帶，
下身著裙，佩飾耳璫、項鍊、臂釧、手鐲、腳鐲。
左手於胸前托摩尼寶，右手飾說法印。右舒坐
於圓邊三角形覆蓮底座上，底座正面下沿刻「日
光天」名稱。供於西壁第三層第十一龕。

圖 319　蜜那天

圖 320　日光天

217

圖 321　那羅吒機尼佛母

Nāroḍākinī

通高 17 公分，底座寬 13.5 公分。

F3Sf：37（故 199890 37/122）

佛母為一面三目二臂，女身。頭戴骷髏冠，赤髮高聳，耳後有束髮繒帶，忿怒相。赤裸全身，佩飾耳璫、人頭項鬘、臂釧、手鐲、腳鐲，腰纏瓔珞。左手捧嘎巴拉碗，左臂彎夾喀章嘎，右手持鉞刀。展右立，雙足下各踩一人，左足下之人仰臥，右足下之人俯臥。橢圓形覆蓮底座，底座正面下沿刻「那羅吒機尼佛母」名稱。供於西壁第四層第一龕。

圖 322　金剛吒噶佛

Vajraḍāka

通高 17 公分，底座寬 13.5 公分。

F3Sf：38（故 199890 38/122）

佛為雙身。主尊八面十八臂四足。八面分兩層：上層一面，在赤髮中；下層七面，每面各三目，均頭戴骷髏冠，赤髮高聳，耳後有束髮繒帶，忿怒相。赤裸全身，佩飾耳璫、人頭項鬘、臂釧、手鐲、腳鐲。左元手捧嘎巴拉碗，碗內坐一佛，右元手亦捧嘎巴拉碗，碗內盛一水禽，雙臂胸前相交，擁抱明妃；左右十六隻副手亦各捧一嘎巴拉碗，碗中置禽、獸。前一對足展左立，足下踩一人；後一對足舞立。明妃一面三目二臂，頭戴骷髏冠，赤髮天衣，忿怒相。赤裸全身，左手捧嘎巴拉碗，右手高舉鉞刀。左腿環繞主尊腰間，展右立。橢圓形覆蓮底座，底座正面下沿刻「金剛吒噶佛」名稱。供於西壁第四層第二龕。

圖 321　那羅吒機尼佛母

圖 322　金剛吒噶佛

圖 323　高哩佛母

Gaurī

通高 17 公分，底座寬 13.5 公分。

F3Sf：39（故 199890 39/122）

佛母為一面三目二臂，女身。頭戴骷髏冠，赤
髮高聳，耳後有束髮繒帶，忿怒相。赤裸全身，
佩飾耳璫、人頭項鬘、臂釧、手鐲、腳鐲，腰
纏瓔珞。左手施無畏印，右手施期克印。舞立
姿態，足下踩一人。橢圓形覆蓮底座，底座正
面下沿刻「高哩佛母」名稱。供於西壁第四層
第三龕。

圖 323　高哩佛母

圖 324　嘎嚕〔嚕〕底上樂王佛

Garuḍa-Saṃvara

通高 17.5 公分，底座寬 13.5 公分。

F3Sf：40（故 199890 40 / 122）

佛為雙身。主尊四面十二臂。四面分兩層：上
層一面，為牛面，在赤髮中；下層三面，每面
各三目，頭戴骷髏冠，赤髮高聳，忿怒相。赤
裸全身，肩披帛帶，腰束虎皮裙，佩飾項鍊、
臂釧、手鐲、腳鐲。左元手持金剛鈴，右元手
持金剛杵，雙臂相交，擁抱明妃；左副手自上
而下分別持象皮、施期克印、持喀章嘎、持槍、
持梵天頭，右副手自上而下分別持象皮、嘎巴
拉鼓、金剛鉤、金剛杵、鉞刀，手臂後展雙翅。
展右立，雙足下各踩一人。明妃一面三目二臂，
頭戴骷髏冠，赤髮天衣，忿怒相。左手捧嘎巴
拉碗，右手高舉鉞刀。雙腿環繞主尊腰間。橢
圓形覆蓮底座，底座正面下沿刻「嘎嚕底上樂
王佛」名稱。供於西壁第四層第四龕。

圖 324　嘎嚕〔嚕〕底上樂王佛

圖 325　白伯答哩佛母

Vetalī

通高 16.5 公分，底座寬 13.5 公分。

F3Sf：41（故 199890 41 / 122）

佛母為一面三目二臂，女身。頭戴骷髏冠，赤
髮高聳，耳後有束髮繒帶，忿怒相。赤裸全身，
佩飾耳璫、人頭項鬘、臂釧、手鐲、腳鐲。雙
手持金剛鐵鍊，一端為金剛鉤，另一端為金剛
杵頭。舞立姿態，足下踩一人。橢圓形覆蓮底
座，底座正面下沿刻「白伯答哩佛母」名稱。
供於西壁第四層第五龕。

圖 325　白伯答哩佛母

圖 326　造哩佛母

Caurī

通高 16.5 公分，底座寬 13.5 公分。

F3Sf：42（故 199890 42／122）

佛母為一面三目二臂，女身。頭戴骷髏冠，赤髮高聳，耳後有束髮繒帶，忿怒相。赤裸全身，佩飾耳璫、人頭項鬘、臂釧、手鐲、腳鐲。雙手持羂索。舞立姿態，足下踩一人。橢圓形覆蓮底座，底座正面下沿刻「造哩佛母」名稱。供於西壁第四層第六龕。

圖 327　補嘎西佛母

Pukkasī

通高 17 公分，底座寬 13.5 公分。

F3Sf：43（故 199890 43／122）

佛母為一面三目二臂，女身。頭戴骷髏冠，赤髮高聳，耳後有束髮繒帶，忿怒相。赤裸全身，佩飾耳璫、人頭項鬘、臂釧、手鐲、腳鐲。雙手於胸前捧寶瓶。舞立姿態，足下踩一人。橢圓形覆蓮底座，底座正面下沿刻「補嘎西佛母」名稱。供於西壁第四層第七龕。

圖 328　嘎斯麻哩佛母

Ghasmarī

通高 17 公分，底座寬 13.5 公分。

F3Sf：44（故 199890 44／122）

佛母為一面三目二臂，女身。頭戴骷髏冠，赤髮高聳，耳後有束髮繒帶，忿怒相。赤裸全身，佩飾耳璫、人頭項鬘、臂釧、手鐲、腳鐲。左手舉金剛鈴，右手持金剛杵。舞立姿態，足下踩一人。橢圓形覆蓮底座，底座正面下沿刻「嘎斯麻哩佛母」名稱。供於西壁第四層第八龕。

圖 326　造哩佛母

圖 327　補嘎西佛母

圖 328　嘎斯麻哩佛母

圖 329　火天　　　　　　　　　　　　　　　　圖 330　使役窩特麻母

圖 329　火天
Agni

通高 16.5 公分，底座寬 13.5 公分。

F3Sf：45（故 199890 45／122）

神為一面四臂。大成就者像。頭頂挽高髮髻，
額上有皺紋，留長鬚，寂靜相。袒露上身，肩
披帛帶，胸前斜披絡腋，下身著裙，佩飾耳璫、
臂釧、手鐲、腳鐲。左元手持蓮花，右元手持槍；
左副手托軍持，右副手持圓棒。右舒坐於圓邊
三角形覆蓮底座上，底座正面下沿刻「火天」
名稱。供於西壁第四層第九龕。

圖 330　使役窩特麻母
Dūtī

通高 16.5 公分，底座寬 13.5 公分。

F3Sf：46（故 199890 46／122）

佛母為一面二臂。頭戴五葉冠，葫蘆形髮髻，
耳後有束髮繒帶，寂靜相。袒露上身，肩披帛
帶，下身著裙，佩飾耳璫、項鍊、臂釧、手鐲、
腳鐲。左手下垂，放於左腿後，施說法印；右
手持金剛鞭。右舒坐於圓邊三角形覆蓮底座上，
底座正面下沿刻「使役窩特麻母」名稱。供於
西壁第四層第十龕。

圖 331　右穆巴天

圖 332　底提喀扎母

圖 331　右穆巴天
Kumbha

通高 16.5 公分，底座寬 13.5 公分。

F3Sf：47（故 199890 47/122）

佛母為一面二臂。頭戴五葉冠，葫蘆形髮髻，耳後有束髮繒帶，寂靜相。袒露上身，肩披帛帶，下身著裙，佩飾耳璫、項鍊、臂釧、手鐲、腳鐲。左手拿盾牌，右手持寶劍。右舒坐於圓邊三角形覆蓮底座上，底座正面下沿刻「右穆巴天」名稱。供於西壁第四層第十一龕。

圖 332　底提喀扎母
Ṣaṣthī Kalā

通高 16.5 公分，底座寬 13.5 公分。

F3Sf：48（故 199890 48/122）

佛母為一面二臂。頭戴五葉冠，葫蘆形髮髻，耳後有束髮繒帶，寂靜相。袒露上身，肩披帛帶，下身著裙，佩飾耳璫、項鍊、臂釧、手鐲、腳鐲。左手托摩尼寶，右手持嘎巴拉鼓。右舒坐於圓邊三角形覆蓮底座上，底座正面下沿刻「底提喀扎母」名稱。供於西壁第四層第十二龕。

圖 333　持繩佛母
Pāśinī

通高 13 公分，底座寬 11 公分。

F3Sf：49（故 199890 49/122）

佛母為一面三目二臂，女身。頭戴骷髏冠，赤髮高聳，耳後有束髮繒帶，忿怒相。赤裸全身，佩飾耳璫、人頭項鬘、臂釧、手鐲、腳鐲。雙手持羂索。舞立姿態，足下踩一人。橢圓形覆蓮底座，底座正面下沿刻「持繩佛母」名稱。供於西壁第五層第一龕。

圖 334　持鉤佛母
Aṅkuśī

通高 13 公分，底座寬 11 公分。

F3Sf：50（故 199890 50/122）

佛母為一面三目二臂，女身。頭戴骷髏冠，赤髮高聳，耳後有束髮繒帶，忿怒相。赤裸全身，佩飾耳璫、人頭項鬘、臂釧、手鐲、腳鐲、腰纏瓔珞。雙手持鉤。舞立姿態，足下踩一人。橢圓形覆蓮底座，底座正面下沿刻「持鉤佛母」名稱。供於西壁第五層第二龕。

圖 335　持花佛母
Puṣpā

通高 13 公分，底座寬 11 公分。

F3Sf：51（故 199890 51/122）

佛母為一面三目二臂，女身。頭戴骷髏冠，赤髮高聳，耳後有束髮繒帶，忿怒相。赤裸全身，佩飾耳璫、人頭項鬘、臂釧、手鐲、腳鐲。雙手捧一長枝蓮花。舞立姿態，足下踩一人。橢圓形覆蓮底座，底座正面下沿刻「持花佛母」名稱。供於西壁第五層第三龕。

圖 336　持網佛母
Vāgurā

通高 13 公分，底座寬 11 公分。

F3Sf：52（故 199890 52/122）

佛母為一面三目二臂，女身。頭戴骷髏冠，赤髮高聳，耳後有束髮繒帶，忿怒相。赤裸全身，佩飾耳璫、人頭項鬘、臂釧、手鐲、腳鐲。懷抱一網，外形似琵琶，上面刻小方網格。舞立姿態，足下踩一人。橢圓形覆蓮底座，底座正面下沿刻「持網佛母」名稱。供於西壁第五層第四龕。

圖 337　補達托〔吒〕噶佛
Buddhaḍāka

通高 13.5 公分，底座寬 11 公分。

F3Sf：53（故 199890 53/122）

佛為雙身。主尊八面十六臂四足。八面分兩層：上層一面，在赤髮中；下層七面。每面各三目，均頭戴骷髏冠，赤髮高聳，耳後有束髮繒帶，忿怒相。赤裸全身，肩披帛帶，佩飾耳璫、人頭項鬘、臂釧、手鐲、腳鐲。左元手捧嘎巴拉碗，碗內坐一佛，右元手亦捧嘎巴拉碗，碗內盛一水禽，雙臂胸前相交，擁抱明妃；左右十四隻副手亦各捧一嘎巴拉碗，碗中置禽、獸。前一對足展左立，足下踩一人；後一對足舞立。明妃一面三目二臂，頭戴骷髏冠，赤髮天衣，忿怒相。赤裸全身，左手捧嘎巴拉碗，右手持鉞刀。左腿環繞主尊腰間，展右立於橢圓形覆蓮底座上，底座正面下沿刻「補達托噶佛」名稱。供於西壁第五層第五龕。

圖 333　持繩佛母

圖334 持鉤佛母

圖336 持網佛母

圖335 持花佛母

圖337 補達托〔吒〕噶佛

227

圖 338　簪達里佛母

Caṇḍālī

通高 13 公分，底座寬 11 公分。

F3Sf：54（故 199890 54/122）

佛母為一面三目二臂，女身。頭戴骷髏冠，赤髮高聳，耳後有束髮繒帶，忿怒相。赤裸全身，佩飾耳璫、人頭項鬘、臂釧、手鐲、腳鐲。雙手持大三角狀法物。舞立姿態，足下踩一人。橢圓形覆蓮底座，底座正面下沿刻「簪達里佛母」名稱。供於西壁第五層第六龕。

圖 339　專必尼佛母

Ḍombī

通高 13 公分，底座寬 11 公分。

F3Sf：55（故 199890 55/122）

佛母為一面三目二臂，女身。頭戴骷髏冠，赤髮高聳，耳後有束髮繒帶，忿怒相。赤裸全身，佩飾耳璫、人頭項鬘、臂釧、手鐲、腳鐲。左手施無畏印；右手托須彌山，山上有一亭。舞立姿態，足下踩一人。橢圓形覆蓮底座，底座正面下沿刻「專必尼佛母」名稱。供於西壁第五層第七龕。

圖 340　持鉗佛母

Saṃdaṃśā

通高 13 公分，底座寬 11 公分。

F3Sf：56（故 199890 56/122）

佛母為一面三目二臂，女身。頭戴骷髏冠，赤髮高聳，耳後有束髮繒帶，忿怒相。赤裸全身，佩飾耳璫、人頭項鬘、臂釧、手鐲、腳鐲。左手施說法印，右手腕纏繩狀物。舞立姿態，足下踩一人。橢圓形覆蓮底座，底座正面下沿刻「持鉗佛母」名稱。供於西壁第五層第八龕。

圖 338　簪達里佛母

圖 339　專必尼佛母

圖 340　持鉗佛母

229

圖341　沙斡哩佛母

Śabarī

通高 13.5 公分，底座寬 11 公分。

F3Sf：57（故 199890 57/122）

佛母為一面二目二臂，女身。頭戴骷髏冠，赤髮高聳，耳後有束髮繒帶，忿怒相。赤裸全身，佩飾耳璫、人頭項鬘、臂釧、手鐲、腳鐲。左手施說法印，右手持幡。舞立姿態，足下踩一人。橢圓形覆蓮底座，底座正面下沿刻「沙斡哩佛母」名稱。供於西壁第五層第九龕。

圖342　底提阿喀扎母

Aṣṭamī Kalā

通高 13.5 公分，底座寬 11 公分。

F3Sf：58（故 199890 58/122）

佛母為一面二臂，女身。頭戴五葉冠，葫蘆形髮髻，耳後有束髮繒帶，寂靜相。袒露上身，肩披帛帶，下身著裙，佩飾耳璫、項鍊、臂釧、手鐲、腳鐲。左手施期克印，右手持箭。左舒坐於圓邊三角形覆蓮底座上，底座正面下沿刻「底提阿喀扎母」名稱。供於西壁第五層第十龕。

圖343　底提薩布達母

Saptamī Kalā

通高 13.5 公分，底座寬 11 公分。

F3Sf：59（故 199890 59/122）

佛母為一面二臂，女身。頭戴五葉冠，葫蘆形髮髻，耳後有束髮繒帶，寂靜相。袒露上身，肩披帛帶，下身著裙，佩飾耳璫、項鍊、臂釧、手鐲、腳鐲。左手提梵天頭，右手持鉞刀。左舒坐於圓邊三角形覆蓮底座上，底座正面下沿刻「底提薩布達母」名稱。供於西壁第五層第十一龕。

圖344　底提那瓦母

Navamī Kalā

通高 13.5 公分，底座寬 11 公分。

F3Sf：60（故 199890 60/122）

佛母為一面二臂，女身。頭戴五葉冠，葫蘆形髮髻，耳後有束髮繒帶，寂靜相。袒露上身，肩披帛帶，下身著裙，佩飾耳璫、項鍊、臂釧、手鐲、腳鐲。左手持鏡，右手持槍。左舒坐於圓邊三角形覆蓮底座上，底座正面下沿刻「底提那瓦母」名稱。供於西壁第五層第十二龕。

圖345　底提達沙母

Daśamī Kalā

通高 13.5 公分，底座寬 11 公分。

F3Sf：61（故 199890 61/122）

佛母為一面二臂，女身。頭戴五葉冠，葫蘆形髮髻，耳後有束髮繒帶，寂靜相。袒露上身，肩披帛帶，下身著裙，佩飾耳璫、項鍊、臂釧、手鐲、腳鐲。左手拿盾牌，右手舉寶劍。左舒坐於圓邊三角形覆蓮底座上，底座正面下沿刻「底提達沙母」名稱。供於西壁第五層第十三龕。

圖346　三室東壁佛格

圖 341　沙斡哩佛母

230

圖 342　底提阿喀扎母

圖 344　底提那瓦母

圖 343　底提薩布達母

圖 345　底提達沙母

圖 346　三室東壁佛格

三室東壁佛格佛像

圖 347　梵王天
Brahman

通高 13.5 公分，底座寬 11 公分。

F3Sf：62（故 199890 62／122）

神為一面四臂。頭戴五葉冠，葫蘆形髮髻，耳
後有束髮繒帶，寂靜相。袒露上身，肩披帛帶，
下身著裙，佩飾耳璫、項鍊、臂釧、手鐲、腳鐲。
左元手舉蓮花枝，右元手持長針；左副手持奔
巴壺，右副手持念珠。右舒坐於圓邊三角形覆
蓮底座上，底座正面下沿刻「梵王天」名稱。
供於東壁第一層第一龕。

圖 348　多瓦那達沙天
Dvādaśī Kalā

通高 13 公分，底座寬 11 公分。

F3Sf：63（故 199890 63／122）

神為一面二臂。頭戴五葉冠，葫蘆形髮髻，耳
後有束髮繒帶，寂靜相。袒露上身，肩披帛帶，
下身著裙，佩飾耳璫、項鍊、臂釧、手鐲、腳鐲。
左手持三尖叉，右手持三尖喀章嘎。右舒坐於
圓邊三角形覆蓮底座上，底座正面下沿刻「多
瓦那達沙天」名稱。供於東壁第一層第二龕。

圖 349　西達天
Siṃha

通高 13 公分，底座寬 11 公分。

F3Sf：64（故 199890 64／122）

神為一面二臂。頭戴五葉冠，葫蘆形髮髻，耳
後有束髮繒帶，寂靜相。袒露上身，肩披帛帶，
下身著裙，佩飾耳璫、項鍊、臂釧、手鐲、腳鐲。
左手持槍，右手持法輪。右舒坐於圓邊三角形
覆蓮底座上，底座正面下沿刻「西達天」名稱。
供於東壁第一層第三龕。

圖 347　梵王天

圖 348　多瓦那達沙天

圖 349 　西達天

圖 350　厄嘎達沙天

Ekādaśī Kalā

通高 13 公分，底座寬 11 公分。

F3Sf：65（故 199890 65/122）

神為一面二臂。頭戴五葉冠，葫蘆形髮髻，耳後有束髮繒帶，寂靜相。袒露上身，肩披帛帶，下身著裙，佩飾耳璫、項鍊、臂釧、手鐲、腳鐲。左手持金剛鈴，右手持金剛杵。右舒坐於圓邊三角形覆蓮底座上，底座正面下沿刻「厄嘎達沙天」名稱。供於東壁第一層第四龕。

圖 351　金剛聲佛母

Vajraśabdā

通高 13 公分，底座寬 11 公分。

F3Sf：66（故 199890 66/122）

佛母為一面三目四臂，女身。頭戴骷髏冠，赤髮高聳，耳後有束髮繒帶，忿怒相。赤裸全身，佩飾耳璫、人頭項鬘、臂釧、手鐲、腳鐲。左元手捧嘎巴拉碗，右元手持海螺；左副手持法輪，右副手持孔雀羽。舞立姿態，足下踩一人。橢圓形覆蓮底座，底座正面下沿刻「金剛聲佛母」名稱。供於東壁第一層第五龕。

圖 352　金剛地佛母

Pṛthivīvajrā

通高 13 公分，底座寬 11 公分。

F3Sf：67（故 199890 67/122）

佛母為一面三目四臂，女身。頭戴骷髏冠，赤髮高聳，耳後有束髮繒帶，忿怒相。赤裸全身，佩飾耳璫、人頭項鬘、臂釧、手鐲、腳鐲。左元手捧嘎巴拉碗，右元手持金剛杵；左副手持金剛鈴，右副手持蓮花。舞立姿態，足下踩一人。橢圓形覆蓮底座，底座正面下沿刻「金剛地佛母」名稱。供於東壁第一層第六龕。

圖 353　吒機尼佛母

Vajrayakṣī

通高 13.5 公分，底座寬 11 公分。

F3Sf：68（故 199890 68/122）

佛母為一面三目四臂，女身。頭戴骷髏冠，赤髮高聳，耳後有束髮繒帶，忿怒相。赤裸全身，佩飾耳璫、人頭項鬘、臂釧、手鐲、腳鐲。左元手捧嘎巴拉碗，右元手持圓鏡；左副手持鉞刀，右副手持蓮花。舞立姿態，足下踩一人。橢圓形覆蓮底座，底座正面下沿刻「吒機尼佛母」名稱。供於東壁第一層第七龕。

圖 354　金剛柔善佛母

Vajrasaumyā

通高 13.5 公分，底座寬 11 公分。

F3Sf：69（故 199890 69/122）

佛母為一面三目四臂，女身。頭戴骷髏冠，赤髮高聳，耳後有束髮繒帶，忿怒相。赤裸全身，佩飾耳璫、人頭項鬘、臂釧、手鐲、腳鐲。左元手捧嘎巴拉碗，右元手持幡；左副手持喀章嘎，右副手持線繩。舞立姿態，足下踩一人。橢圓形覆蓮底座，底座正面下沿刻「金剛柔善佛母」名稱。供於東壁第一層第八龕。

圖 350　厄嘎達沙天

圖 351　金剛聲佛母

圖 353　吒機尼佛母

圖 352　金剛地佛母

圖 354　金剛柔善佛母

圖 355　金剛欲佛母
Rāgavajrā

通高 13.5 公分，底座寬 11 公分。

F3Sf：70（故 199890 70/122）

佛母為一面三目四臂，女身。頭戴骷髏冠，赤髮高聳，耳後有束髮繒帶，忿怒相。赤裸全身，佩飾耳璫、人頭項鬘、臂釧、手鐲、腳鐲。左元手捧嘎巴拉碗，右元手持金剛杵；左副手舉金剛鈴，右副手舉寶劍。舞立姿態，足下踩一人。橢圓形覆蓮底座，底座正面下沿刻「金剛欲佛母」名稱。供於東壁第一層第九龕。

圖 356　金剛色相佛母
Vjrabiṃbā

通高 13.5 公分，底座寬 11 公分。

F3Sf：71（故 199890 71/122）

佛母為一面三目四臂，女身。頭戴骷髏冠，赤髮高聳，耳後有束髮繒帶，忿怒相。赤裸全身，佩飾耳璫、人頭項鬘、臂釧、手鐲、腳鐲。左元手捧嘎巴拉碗，右元手持金剛棒；左副手持羂索，右副手持金剛杵。舞立姿態，足下踩一人。橢圓形覆蓮底座，底座正面下沿刻「金剛色相佛母」名稱。供於東壁第一層第十龕。

圖 357　金剛忿怒佛母
Vajraraudrī

通高 13.5 公分，底座寬 11 公分。

F3Sf：72（故 199890 72/122）

佛母為一面三目四臂，女身。頭戴骷髏冠，赤髮高聳，耳後有束髮繒帶，忿怒相。赤裸全身，佩飾耳璫、人頭項鬘、臂釧、手鐲、腳鐲。左元手捧嘎巴拉碗，右元手持金剛鉤；左副手持弓，右副手持箭。舞立姿態，足下踩一人。橢圓形覆蓮底座，底座正面下沿刻「金剛忿怒佛母」名稱。供於東壁第一層第十一龕。

圖 358　簪達哩佛母
Caṇḍālī

通高 13.5 公分，底座寬 11 公分。

F3Sf：73（故 199890 73/122）

佛母為一面三目二臂，女身。頭戴骷髏冠，赤髮高聳，耳後有束髮繒帶，忿怒相。赤裸全身，佩飾耳璫、人頭項鬘、臂釧、手鐲、腳鐲。左手施期克印，右手舉金剛杵。舞立姿態，足下踩一人。橢圓形覆蓮底座，底座正面下沿刻「簪達哩佛母」名稱。供於東壁第一層第十二龕。

圖 359　則喇巴喇嘎佛母

通高 13.5 公分，底座寬 11 公分。

F3Sf：74（故 199890 74/122）

佛母為一面三目二臂，女身。頭戴骷髏冠，赤髮高聳，耳後有束髮繒帶，忿怒相。赤裸全身，佩飾耳璫、人頭項鬘、臂釧、手鐲、腳鐲。左手火焰寶珠，右手舉法輪。舞立姿態，足下踩一人。橢圓形覆蓮底座，底座正面下沿刻「則喇巴喇嘎佛母」名稱。供於東壁第一層第十三龕。

圖 355　金剛欲佛母

圖 356　金剛色相佛母

圖 358　簪達哩佛母

圖 357　金剛忿怒佛母

圖 359　則喇巴喇嘎佛母

圖 360　山沙喀呼天

圖 361　四臂風天

圖 360　山沙喀呼天

Śanaiścara

通高 17 公分，底座寬 13.5 公分。

F3Sf：75（故 199890 75 / 122）

神為一面二臂。頭戴五葉冠，葫蘆形髮髻，耳後有束髮繒帶，寂靜相。袒露上身，肩披帛帶，下身著裙，佩飾耳璫、項鍊、臂釧、手鐲、腳鐲。左手捧摩尼寶，右手施期克印。右舒坐於圓邊三角形覆蓮底座上，底座正面下沿刻「山沙喀呼天」名稱。供於東壁第二層第一龕。

圖 361　四臂風天

Vāyu

通高 16.5 公分，底座寬 13.5 公分。

F3Sf：76（故 199890 76 / 122）

神為一面四臂。頭戴五葉冠，葫蘆形髮髻，耳後有束髮繒帶，寂靜相。袒露上身，肩披帛帶，下身著裙，佩飾耳璫、項鍊、臂釧、手鐲、腳鐲。左元手持寶珠，右元手持靈芝；左右副手各持一蓮花。右舒坐於圓邊三角形覆蓮底座上，底座正面下沿刻「四臂風天」名稱。供於東壁第二層第二龕。

圖 362　嘎那牙天　　　　　　　　　　　　　　　　圖 363　藥乂〔叉〕天

圖 362　嘎那牙天
Kanyā

通高 16.5 公分、底座寬 13 公分。

F3Sf：77（故 199890 77／122）

神為一面二臂，女身。頭戴五葉冠，葫蘆形髮
髻，耳後有束髮繒帶，寂靜相。袒露上身，肩
披帛帶，下身著裙，佩飾耳璫、項鍊、臂釧、
手鐲、腳鐲。左手持長柄金剛錘，右手持蓮花。
右舒坐於圓邊三角形覆蓮底座上，底座正面下
沿刻「嘎那牙天」名稱。供於東壁第二層第三
龕。

圖 363　藥乂〔叉〕天
Yakṣa

通高 16 公分、底座寬 13.5 公分。

F3Sf：78（故 199890 78／122）

神為一面四臂。頭戴五葉冠，高挽髮髻，絡腮
鬍鬚，微嗔相。袒露上身，肩披帛帶，下身著
裙，佩飾耳璫、項鍊、臂釧、手鐲、腳鐲。左
元手捧吐寶鼠，右元手持摩尼寶；左副手持蓮
花，右副手持火焰寶珠杖。右舒坐於圓邊三角
形覆蓮底座上，底座正面下沿刻「藥乂天」名
稱。供於東壁第二層第四龕。

圖 364　沙斡哩佛母

Śabarī

通高 16.5 公分，底座寬 13.5 公分。

F3Sf：79（故 199890 79/122）

佛母為一面二目二臂，女身。頭戴骷髏冠，赤
髮高聳，耳後有束髮繒帶，忿怒相。赤裸全身，
佩飾耳璫、人頭項鬘、臂釧、手鐲、腳鐲。左
手持禪仗，右手托舉小人。舞立姿態，足下踩
一人。橢圓形覆蓮底座，底座正面下沿刻「沙
斡哩佛母」名稱。供於東壁第二層第五龕。

圖 365　補嘎西佛母

Pukkasī

通高 17 公分，底座寬 13.5 公分。

F3Sf：80（故 199890 80/122）

佛母為一面三目二臂，女身。頭戴骷髏冠，赤
髮高聳，耳後有束髮繒帶，忿怒相。赤裸全身，
佩飾耳璫、人頭項鬘、臂釧、手鐲、腳鐲。左
手持鉞刀，右手舉獅子。舞立姿態，足下踩一
人。橢圓形覆蓮底座，底座正面下沿刻「補嘎
西佛母」名稱。供於東壁第二層第六龕。

圖 364　沙斡哩佛母

圖 365　補嘎西佛母

圖 366　嘎斯麻哩佛母

Ghasmarī

通高 17 公分，底座寬 13.5 公分。

F3Sf：81（故 199890 81／122）

佛母為一面三目二臂，女身。頭戴骷髏冠，赤髮高聳，耳後有束髮繒帶，忿怒相。赤裸全身，佩飾耳璫、人頭項鬘、臂釧、手鐲、腳鐲。左手捧嘎巴拉碗，右手拿蛇。舞立姿態，足下踩一人。橢圓形覆蓮底座，底座正面下沿刻「嘎斯麻哩佛母」名稱。供於東壁第二層第七龕。

圖 367　伯答哩佛母

Vetalī

通高 17 公分，底座寬 13.5 公分。

F3Sf：82（故 199890 82／122）

佛母為一面三目二臂，女身。頭戴骷髏冠，赤髮高聳，耳後有束髮繒帶，忿怒相。赤裸全身，佩飾耳璫、人頭項鬘、臂釧、手鐲、腳鐲。左手捧嘎巴拉碗，右手捧烏龜。舞立姿態，足下踩一人。橢圓形覆蓮底座，底座正面下沿刻「伯答哩佛母」名稱。供於東壁第二層第八龕。

圖 366　嘎斯麻哩佛母

圖 367　伯答哩佛母

圖368　高哩佛母

Gaurī

通高 17 公分，底座寬 13 公分。

F3Sf：83（故 199890 83 / 122）

佛母為一面三目二臂，女身。頭戴骷髏冠，赤
髮高聳，耳後有束髮繒帶，忿怒相。赤裸全身，
佩飾耳璫、人頭項鬘、臂釧、手鐲、腳鐲。左
手持魚，右手持鉞刀。舞立姿態，足下踩一人，
橢圓形覆蓮底座，底座正面下沿刻「高哩佛母」
名稱。供於束壁第二層第九龕。

圖369　救度佛母

Tārā

通高 16.5 公分，底座寬 13.5 公分。

F3Sf：84（故 199890 84 / 122）

佛母為一面三目二臂，女身。頭戴骷髏冠，赤
髮高聳，耳後有束髮繒帶，忿怒相。赤裸全身，
佩飾耳璫、人頭項鬘、臂釧、手鐲、腳鐲。左
手捧蓮花，右手施無畏印。舞立姿態，足下踩
一人。橢圓形覆蓮底座，底座正面下沿刻「救
度佛母」名稱。供於束壁第二層第十龕。

圖368　高哩佛母

圖369　救度佛母

圖 370　白衣佛母

Pāṇḍaravāsinī

通高 17 公分，底座寬 13.5 公分。

F3Sf：85（故 199890 85/122）

佛母為一面三目二臂，女身。頭戴骷髏冠，赤髮高聳，耳後有束髮繒帶，忿怒相。赤裸全身，佩飾耳璫、人頭項鬘、臂釧、手鐲、腳鐲。左手捧摩尼寶，右手施無畏印。舞立姿態，足下踩一人。橢圓形覆蓮底座，底座正面下沿刻「白衣佛母」名稱。供於東壁第二層第十一龕。

圖 371　嘛嘛基佛母

Māmakī

通高 17 公分，底座寬 13.5 公分。

F3Sf：86（故 199890 86/122）

佛母為一面三目二臂，女身。頭戴骷髏冠，赤髮高聳，耳後有束髮繒帶，忿怒相。赤裸全身，佩飾耳璫、人頭項鬘、臂釧、手鐲、腳鐲。左手持金剛杵，右手施無畏印。舞立姿態，足下踩一人，橢圓形覆蓮底座，底座正面下沿刻「嘛嘛基佛母」名稱。供於東壁第二層第十二龕。

圖 370　白衣佛母

圖 371　嘛嘛基佛母

圖 372　樂自在天

Nandin

通高 20.4 公分，底座寬 15.5 公分。

F3Sf：87（故 199890 87/122）

神為一面二臂。頭戴五葉冠，葫蘆形髮髻，耳
後有束髮繒帶，嗔怒相。袒露上身，肩披帛帶，
下身著裙，佩飾耳璫、項鍊、臂釧、手鐲、腳鐲。
左手施期克印；右手持鼓槌，腰間掛小腰鼓，
騎跨一大腰鼓。橢圓形覆蓮底座，底座正面下
沿刻「樂自在天」名稱。供於東壁第三層第一
龕。

圖 373　達呼月達沙天

Trayodaśī Kalā

通高 20 公分，底座寬 16 公分。

F3Sf：88（故 199890 88/122）

神為一面二臂。頭戴五葉冠，葫蘆形髮髻，耳
後有束髮繒帶，寂靜相。袒露上身，肩披帛帶，
下身著裙，佩飾耳璫、項鍊、臂釧、手鐲、腳
鐲。左手持長柄鉞刀，右手提梵天頭。右舒坐
於圓邊三角形覆蓮底座上，底座正面下沿刻「達
呼月達沙天」名稱。供於東壁第三層第二龕。

圖 374　巴呼沙雜扎天

Vṛścika

通高 20 公分、底座寬 16 公分。

F3Sf：89（故 199890 89/122）

神為一面二臂。頭戴五葉冠，葫蘆形髮髻，耳
後有束髮繒帶，嗔怒相。袒露上身，肩披帛帶，
下身著裙，佩飾耳璫、項鍊、臂釧、手鐲、腳
鐲。左手拿小傘狀法器，右手持寶劍。右舒坐
於圓邊三角形覆蓮底座上，底座正面下沿刻「巴
呼沙雜扎天」名稱。供於東壁第三層第三龕。

圖 372　樂自在天

圖 373　達呼月達沙天

圖 374　巴呼沙雜扎天

圖 375　離實天

Nairṛti

通高 20 公分，底座寬 16 公分。

F3Sf：90（故 199890 90／122）

神為一面四臂。頭戴五葉冠，葫蘆形髮髻，耳後有
束髮繒帶，嗔怒相。袒露上身，肩披帛帶，下身著
裙，佩飾耳璫、項鍊、臂釧、手鐲、腳鐲。左元手
捧嘎巴拉碗，右元手持寶劍；左副手持盾牌，右副
手持鉞刀。右舒坐於圓邊三角形覆蓮底座上，底座
正面下沿刻「離實天」名稱。供於東壁第三層第四
龕。

圖 375　離實天

圖 376　瑜伽虛空佛

Yogāmbara

通高 20 公分，底座寬 16 公分。

F3Sf：91（故 199890 91／122）

佛為雙身。主尊一面三目二臂，頭戴五葉冠，葫蘆
形髮髻，耳後有束髮繒帶，嗔怒相。赤裸全身，肩
披帛帶，佩飾項鍊、臂釧、手鐲、腳鐲。左手持金
剛鈴，右手持金剛杵，雙臂相交，擁抱明妃；展右立。
明妃亦一面三目二臂，頭戴五葉冠，葫蘆形髮髻，
嗔怒相。左手捧嘎巴拉碗，右手持骷髏仗。雙腿環
繞主尊腰間。橢圓形覆蓮底座，底座正面下沿刻「瑜
伽虛空佛」名稱。供於東壁第三層第五龕。

圖 377　佛陀嘎巴拉

Buddhakapāla

通高 20 公分，底座寬 16 公分。

F3Sf：92（故 199890 92／122）

佛為雙身。主尊一面三目四臂，頭戴五葉冠，葫蘆
形髮髻，耳後有束髮繒帶，嗔怒相。赤裸全身，腰
束虎皮裙，佩飾項鍊、臂釧、手鐲、腳鐲。左元手
捧嘎巴拉碗，並擁抱明妃，右元手持鉞刀；左副手
持喀章嘎，右副手持嘎巴拉鼓。舞立，足下踩一人。
明妃一面三目二臂，頭戴五葉冠，葫蘆形髮髻，嗔
怒相。左手捧嘎巴拉碗，右手持鉞刀。雙腿環繞主
尊腰間。橢圓形覆蓮底座，底座正面下沿刻「佛陀
嘎巴拉」名稱。供於東壁第三層第六龕。

圖 376　瑜伽虛空佛

圖 377　佛陀嘎巴拉

圖 378　大幻金剛

Mahāmāyā

通高 19 公分，底座寬 16 公分。

F3Sf：93（故 199890 93／122）

佛為雙身。主尊四面四臂，每面各三目，頭戴
骷髏冠，葫蘆形髮髻，嗔怒相。赤裸全身，腰
束虎皮裙，佩飾項鍊、臂釧、手鐲、腳鐲。左
元手持弓，並擁抱明妃，右元手捧嘎巴拉碗；
左副手持喀章嘎，右副手持箭。舞立。明妃亦
為四面四臂，每面各三目，頭戴骷髏冠，葫蘆
形髮髻，嗔怒相。左手自上而下分別持弓、喀
章嘎，右手自上而下持嘎巴拉碗、箭。右腿環
繞主尊腰間，左腿舞立於橢圓形覆蓮底座上，
底座正面下沿刻「大幻金剛」名稱。供於東壁
第三層第七龕。

圖 379　持兵器喜金剛

Śastradhara-Hevajra

通高 20 公分，底座寬 16 公分。

F3Sf：94（故 199890 94／122）

佛為雙身。主尊八面十六臂四足。八面分兩層：
上層一面，在赤髮中；下層七面。每面各三目，
頭戴骷髏冠，赤髮忿怒相。赤裸全身，腰束虎
皮裙，佩飾項鍊、臂釧、手鐲、腳鐲。左元手
持金剛鈴，右元手持金剛杵，雙臂相交，擁抱
明妃；副手分前後兩層：前層三對副手，左副
手自上而下分別持嘎巴拉碗、喀章嘎、弓，右
副手自上而下分別持三尖叉、法輪、箭；後層
四對副手，左副手自上而下分別持蓮花、火焰
寶珠、梵天頭、羂索，右副手自上而下分別持
寶劍、嘎巴拉碗、金剛棒、金剛鉤。主足展右
立，雙足下各踩二人，人皆俯臥；副足舞立。
明妃一面三目二臂，頭戴骷髏冠，赤髮天衣，
忿怒相。左手捧嘎巴拉碗，右手持鉞刀。右腿
環繞主尊腰間，展左立於橢圓形覆蓮底座上，
底座正面下沿刻「持兵器喜金剛」名稱。供於
東壁第三層第八龕。

圖 378　大幻金剛

圖 379　持兵器喜金剛

圖 380　持嘎布拉喜金剛

Kapāladhara-Hevajra

通高 20 公分，底座寬 16 公分。

F3Sf：95（故 199890 95/122）

佛為雙身，主尊八面｜六臂四足。
八面分兩層：上層一面，在赤髮中；
下層七面。每面各三目，頭戴骷髏
冠，赤髮忿怒相。赤裸全身，肩披
帛帶，腰束虎皮裙，佩飾項鍊、臂
釧、手鐲、腳鐲。左右元手各捧一
嘎巴拉碗，雙臂相交，擁抱明妃；
左副手亦各捧一嘎巴拉碗，碗上各
坐一佛，右副手亦全捧嘎巴拉碗，
碗上分別立有羊、牛等獸類。主足
展右立，足下各踩二人，人皆俯臥；
副足舞立。明妃一面三目二臂，頭
戴骷髏冠，赤髮天衣，忿怒相。左
手捧嘎巴拉碗，右手高舉鉞刀。右
腿環繞主尊腰間，展左立於橢圓形
覆蓮底座上，底座正面下沿刻「持
嘎布拉喜金剛」名稱。供於東壁第
三層第九龕。

圖 380　持嘎布拉喜金剛

圖 381　時輪王佛

Kālacakrarāja

通高 20 公分，底座寬 16 公分。

F3Sf：96（故 199890 96/122）

佛為雙身。主尊四面二十四臂，每
面各三目，頭戴五葉冠，葫蘆形髮
髻，嗔怒相。赤裸全身，腰束虎皮
裙，佩飾項鍊、臂釧、手鐲、腳鐲。
左元手持金剛鈴，右元手持金剛杵，
雙臂相交，擁抱明妃；左副手自上
而下分別持盾牌、喀章嘎、嘎巴拉
碗、弓、期克印手、火焰寶珠（殘）、
蓮花、海螺、把鏡、念珠、梵天頭，
右副手自上而下分別持寶劍、三尖
叉、金剛杵、三枝箭、金剛鈎、嘎
巴拉鼓、金剛鎚、槍、法輪、金剛
棒、鉞斧。展右立，雙足下各踩二
人，人皆仰臥，手持法器。明妃一
面三目八臂，頭戴五葉冠，葫蘆形
髮髻，嗔怒相。左手自上而下依次
持嘎巴拉碗、羂索、蓮花、摩尼寶，
右手自上而下依次持鉞刀、金剛鈎、
嘎巴拉鼓（佚失）、念珠（佚失）。
展左立於橢圓形覆蓮底座上，底座
正面下沿刻「時輪王佛」名稱。供
於東壁第三層第十龕。

圖 381　時輪王佛

圖 382　必呼幹巴

Birbapa (＝Virūpa)

通高 20 公分，底座寬 16 公分。

F3Sf：97（故 199890 97/122）

神為一面二臂。頭頂捲髮，耳後有束髮繒帶，
濃眉，絡腮髯鬚，寂靜相。袒露上身，下身著
裙，佩飾耳璫、項鍊、臂釧、手鐲、腳鐲。左
手捧嘎巴拉碗；右手舉日月，下托卷草紋。左
腿前方有一大寶瓶。遊戲坐於一上鋪獸皮的梯
形底座上，底座正面下沿刻「必呼幹巴」名稱。
供於東壁第三層第十一龕。

圖 382　必呼幹巴

圖 383　都拉天
Tula

通高 16.5 公分，底座寬 13.5 公分。

F3Sf：98（故 199890 98／122）

神為一面二臂。頭戴五葉冠，葫蘆形髮髻，耳後有束髮繒帶，寂靜相。袒露上身，肩披帛帶，下身著裙，佩飾耳璫、項鍊、臂釧、手鐲、腳鐲。左手放於左腿後，施說法印；右手持嘎巴拉鼓。右舒坐於圓邊三角形覆蓮底座上，底座正面下沿刻「都拉天」名稱。供於東壁第四層第一龕。

圖 384　畢穆格哩底天
Bhṛṅgiriti

通高 16.5 公分，底座寬 13.5 公分。

F3Sf：99（故 199890 99／122）

神為一面二臂。頭戴五葉冠，葫蘆形髮髻，耳後有束髮繒帶，寂靜相。袒露上身，肩披帛帶，下身著裙，佩飾耳璫、項鍊、臂釧、手鐲、腳鐲。左手捧半開蓋的珠寶匣，右手施說法印。右舒坐於圓邊三角形覆蓮底座上，底座正面下沿刻「畢穆格哩底天」名稱。供於東壁第四層第二龕。

圖 383　都拉天

圖 384　畢穆格哩底天

圖 385　鈴墜天 　　　　　　　　　　　　　　圖 386　大黑天

圖 385　鈴墜天
Ghaṇṭākarṇā

通高 16.5 公分，底座寬 13.5 公分。

F3Sf：100（故 199890 100／122）

神為一面二臂。頭戴五葉冠，葫蘆形髮髻，耳後有束髮繒帶，寂靜相。袒露上身，肩披帛帶，下身著裙，佩飾耳璫、項鍊、臂釧、手鐲、腳鐲。左手放於左腿上，右手持金剛鈴。右舒坐於圓邊三角形覆蓮底座上，底座正面下沿刻「鈴墜天」名稱。供於東壁第四層第三龕。

圖 386　大黑天
Mahākāla

通高 16.5 公分，底座寬 13.5 公分。

F3Sf：101（故 199890 101／122）

神為一面二臂。頭戴五葉冠，葫蘆形髮髻，耳後有束髮繒帶，嗔怒相。袒露上身，肩披帛帶，下身著裙，佩飾耳璫、項鍊、臂釧、手鐲、腳鐲。左手捧嘎巴拉碗，右手持三尖叉。右舒坐於圓邊三角形覆蓮底座上，底座正面下沿刻「大黑天」名稱。供於東壁第四層第四龕。

圖 387 持管佛母　　　　　　　　　　　　　　　　　　圖 388 黑大鵬

圖 387　持管佛母

Vaṃśā

通高 16.5 公分，底座寬 13.5 公分。

F3Sf：102（故 199890 102／122）

佛母為一面三目四臂，女身。頭戴骷髏冠，赤
髮高聳，耳後有束髮繒帶，忿怒相。赤裸全身，
佩飾耳璫、人頭項鬘、臂釧、手鐲、腳鐲。雙
手持長管於嘴邊，作吹奏狀。舞立姿態，足下
踩一人，橢圓形覆蓮底座，底座正面下沿刻「持
管佛母」名稱。供於東壁第四層第五龕。

圖 388　黑大鵬

Kṛṣṇa-Garuḍa

通高 17.5 公分，底座寬 13.5 公分。

F3Sf：103（故 199890 103／122）

神為一面三目二臂。鷹面牛角，赤髮高聳，忿
怒相。全身赤裸，肩披帛帶，佩飾耳璫、項鍊、
臂釧、手鐲、腳鐲。鷹嘴叼一蛇，雙手分別舉
蛇的首尾。身後展翅。雙腿直立，雙足為鷹爪，
踩在一人身蛇尾龍王背上。橢圓形覆蓮底座，
底座正面下沿刻「黑大鵬」名稱。供於東壁第
四層第六龕。

圖 389　花大鵬
Puṣpa-Garuḍa

通高 17.5 公分，底座寬 13.5 公分。

F3Sf：104（故 199890 104/122）

神為一面三目二臂。鷹面牛角，赤髮高聳，忿
怒相。全身赤裸，肩披帛帶，佩飾耳璫、項鍊、
臂釧、手鐲、腳鐲。鷹嘴叼一蛇，雙手分別舉
蛇的首尾。身後展翅。雙腿直立，雙足為鷹爪，
踩在一人身蛇尾龍王背上。橢圓形覆蓮底座，
底座正面下沿刻「花大鵬」名稱。供於東壁第
四層第七龕。

圖 390　佛海觀世音
Jinasāgara-Avalokiteśvara

通高 16.5 公分，底座寬 13.5 公分。

F3Sf：105（故 199890 105/122）

佛為雙身。主尊一面三目二臂，頭戴五葉冠，
葫蘆形髮髻，微嗔相。赤裸全身，肩披帛帶，
佩飾耳璫、人頭項鬘、臂釧、手鐲、腳鐲。左
手持蓮花，右手持念珠，雙臂擁抱明妃；展右
立。明妃亦為一面三目二臂，頭戴五葉冠，葫
蘆形髮髻，微嗔相。左手捧嘎巴拉碗，右手舉
嘎巴拉鼓。雙腿環繞主尊腰間。橢圓形覆蓮底
座，底座正面下沿刻「佛海觀世音」名稱。供
於東壁第四層第八龕。

圖 389　花大鵬

圖390 佛海觀世音

圖391　沽嚕古勤〔勒〕佛母

Kurukullā

通高 17 公分，底座寬 13.5 公分。

F3Sf：106（故 199890 106/122）

佛母為一面三目四臂，女身。頭戴骷髏冠，赤髮高聳，耳後有束髮繒帶，忿怒相。赤裸全身，佩飾耳璫、樹葉項鍊、臂釧、手鐲、腳鐲。左右元手彎弓搭箭，作射箭狀，箭杆飾樹葉；左副手施期克印，右副手持鉤。舞立，足下踩一人。橢圓形覆蓮底座，底座正面下沿刻「沽嚕古勤佛母」名稱。供於東壁第四層第九龕。

圖392　因達喇吒機尼佛母

Indraḍākinī

通高 17 公分，底座寬 13.5 公分。

F3Sf：107（故 199890 107/122）

佛母為一面三目二臂，女身。頭戴骷髏冠，赤髮向右傾斜，耳後有束髮繒帶，忿怒相。赤裸全身，佩飾耳璫、人頭項鬘、臂釧、手鐲、腳鐲。左手捧嘎巴拉碗，左臂彎夾喀章嘎，右手持鉞刀。展右立，雙足下各踩一人。左足下之人俯臥，左手持法器，右手捧嘎巴拉碗。右足下之人仰臥。橢圓形覆蓮底座，底座正面下沿刻「因達喇吒機尼佛母」名稱。供於東壁第四層第十龕。

圖393　造哩佛母

Caurī

通高 16.5 公分，底座寬 13.5 公分。

F3Sf：108（故 199890 108/122）

佛母為一面三目二臂，女身。頭戴骷髏冠，赤髮高聳，耳後有束髮繒帶，忿怒相。赤裸全身，佩飾耳璫、人頭項鬘、臂釧、手鐲、腳鐲。左手捧豬，右手舉嘎巴拉鼓。舞立姿態，足下踩一人。橢圓形覆蓮底座，底座正面下沿刻「造哩佛母」名稱。供於東壁第四層第十一龕。

圖391　沽嚕古勤〔勒〕佛母

圖392　因達喇吒機尼佛母

圖 393　造哩佛母

圖 394 獅面佛母

Siṁhavaktrā

通高 16.5 公分，底座寬 13.5 公分。

F3Sf：109（故 199890 109/122）

佛母為一面二目二臂，女身。面為獅面，頭戴
骷髏冠，赤髮高聳，耳後有束髮繒帶，忿怒相。
赤裸全身，肩披帛帶，佩飾耳璫、骷髏項鬘、
臂釧、手鐲、腳鐲。左手捧嘎巴拉碗，左臂彎
夾喀章嘎；右手持鉞刀。舞立姿態，足下踩一
人。橢圓形覆蓮底座，底座正面下沿刻「獅面
佛母」名稱。供於東壁第四層第十二龕。

圖 394 獅面佛母

262

圖 395　計都星天

Ketu

通高 13.5 公分，底座寬 11.5 公分。

F3Sf：110（故 199890 110/122）

神為一面二臂。頭戴五葉冠，葫蘆形髮髻，耳後有束髮繒帶，嗔怒相。袒露上身，肩披帛帶，下身著裙，佩飾耳璫、項鍊、臂釧、手鐲、腳鐲。左手捧碗盛摩尼寶，右手施期克印。右舒坐於圓邊三角形覆蓮底座上，底座正面下沿刻「計都星天」名稱。供於東壁第五層第一龕。

圖 396　水天

Varuṇa

通高 13.5 公分，底座寬 11.5 公分。

F3Sf：111（故 199890 111/122）

神為一面四臂。頭戴五葉冠，葫蘆形髮髻，耳後有束髮繒帶，嗔怒相。袒露上身，肩披帛帶，下身著裙，佩飾耳璫、項鍊、臂釧、手鐲、腳鐲。左元手持彎曲的長針狀物，右元手持羂索；左副手舉五角星狀物，右副手舉摩尼寶。右舒坐於圓邊三角形覆蓮底座上，底座正面下沿刻「水天」名稱。供於東壁第五層第二龕。

圖 395　計都星天

圖 396　水天

圖 397　時火天
Kālāgni

通高 13.5 公分，底座寬 11.5 公分。

F3Sf：112（故 199890 112/122）

神為一面二臂。頭戴五葉冠，胡蘆形髮髻，耳後有束髮繒帶，嗔怒相。袒露上身，肩披帛帶，下身著裙，佩飾耳璫、項鍊、臂釧、手鐲、腳鐲。左手放於左腿之上，右手捧摩尼寶。右舒坐於圓邊三角形覆蓮底座上，底座正面下沿刻「時火天」名稱。供於東壁第五層第三龕。

圖 398　遍入天
Viṣṇu

通高 13.5 公分，底座寬 11.5 公分。

F3Sf：113（故 199890 113/122）

神為一面四臂。頭戴五葉冠，胡蘆形髮髻，耳後有束髮繒帶，嗔怒相。袒露上身，肩披帛帶，下身著裙，佩飾耳璫、項鍊、臂釧、手鐲、腳鐲。左元手持花枝，右元手持金剛錘；左副手持長槍，右副手舉法輪。右舒坐於圓邊三角形覆蓮底座上，底座正面下沿刻「遍入天」名稱。供於東壁第五層第四龕。

圖 397　時火天

圖 398　遍入天

圖 399　佛眼佛母

Buddhalocanā

通高 13.5 公分，底座寬 11 公分。

F3Sf：114（故 199890 114/122）

佛母為一面三目二臂，女身。頭戴骷髏冠，赤髮高聳，耳後有束髮繒帶，忿怒相。赤裸全身，肩披帛帶，佩飾耳璫、人頭項鬘、臂釧、手鐲、腳鐲。左手捧法輪，右手施說法印。舞立姿態，足下踩一人。橢圓形覆蓮底座，底座正面下沿刻「佛眼佛母」名稱。供於東壁第五層第五龕。

圖 400　持幡佛母

Paṭadhārinī

通高 13.5 公分，底座寬 11 公分。

F3Sf：115（故 199890 115/122）

佛母為一面三目二臂，女身。頭戴骷髏冠，赤髮高聳，耳後有束髮繒帶，忿怒相。赤裸全身，肩披帛帶，佩飾耳璫、人頭項鬘、臂釧、手鐲、腳鐲。左手施禪定印，右手施無畏印，左手手背下夾一卷方形幡簾。舞立姿態，足下踩一人。橢圓形覆蓮底座，底座正面下沿刻「持幡佛母」名稱。供於東壁第五層第六龕。

圖 401　持門佛母

Kapāṭā

通高 13.5 公分，底座寬 11 公分。

F3Sf：116（故 199890 116/122）

佛母為一面三目二臂，女身。頭戴骷髏冠，赤髮高聳，耳後有束髮繒帶，忿怒相。赤裸全身，肩披帛帶，佩飾耳璫、人頭項鬘、臂釧、手鐲、腳鐲。雙手捧兩塊長條形門板，門板上各飾四個金剛杵花紋。舞立姿態，足下踩一人。橢圓形覆蓮底座，底座正面下沿刻「持門佛母」名稱。供於東壁第五層第七龕。

圖 402　持鑰匙佛母

Kuñcī

通高 13.5 公分，底座寬 11 公分。

F3Sf：117（故 199890 117/122）

佛母為一面三目二臂，女身。頭戴骷髏冠，赤髮高聳，耳後有束髮繒帶，忿怒相。赤裸全身，肩披帛帶，佩飾耳璫、人頭項鬘、臂釧、手鐲、腳鐲。左手捧鑰匙，右手施無畏印。舞立姿態，足下踩一人。橢圓形覆蓮底座，底座正面下沿刻「持鑰匙佛母」名稱。供於東壁第五層第八龕。

圖 403　持門鎖佛母

Tālikā

通高 13.5 公分，底座寬 11 公分。

F3Sf：118（故 199890 118/122）

佛母為一面三目二臂，女身。頭戴骷髏冠，赤髮高聳，耳後有束髮繒帶，忿怒相。赤裸全身，肩披帛帶，佩飾耳璫、人頭項鬘、臂釧、手鐲、腳鐲。左手捧門鎖，右手施無畏印。舞立姿態，足下踩一人。橢圓形覆蓮底座，底座正面下沿刻「持門鎖佛母」名稱。供於東壁第五層第九龕。

圖 399　佛眼佛母

圖 400 持幔佛母

圖 402 持鑰匙佛母

圖 401 持門佛母

圖 403 持門鎖佛母

圖 404　諸品吒噶佛

Viśvaḍāka

通高 13.5 公分，底座寬 11 公分。

F3Sf：119（故 199890 119/122）

佛為雙身。主尊八面十八臂四足。八面分兩層，
上層一面，在赤髮中；下層七面，每面各三目，
頭戴骷髏冠，赤髮忿怒相。赤裸全身，肩披帛
帶，腰束虎皮裙，佩飾項鍊、臂釧、手鐲、腳鐲。
左右元手各捧一嘎巴拉碗，碗內各有一化佛，
雙臂相交，擁抱明妃；其餘十四隻副手亦各捧
一嘎巴拉碗，碗內亦各有一化佛。主足展左立，
足下踩一人；副足舞立。明妃一面三目二臂，
頭戴骷髏冠，赤髮天衣，忿怒相。左手捧嘎巴
拉碗，右手舉鉞刀。左腿環繞主尊腰間，展右
立於橢圓形覆蓮底座上，底座正面下沿刻「諸
品吒噶佛」名稱。供於東壁第五層第十龕。

圖 405　持腰鼓佛母

Tablā

通高 13.5 公分，底座寬 11 公分。

F3Sf：120（故 199890 120/122）

佛母為一面三目二臂，女身。頭戴骷髏冠，赤
髮高聳，耳後有束髮繒帶，忿怒相。赤裸全身，
肩披帛帶，佩飾耳璫、人頭項鬘、臂釧、手鐲、
腳鐲。肩掛一腰鼓於腰間，雙手作擊鼓狀。舞
立姿態，足下踩一人。橢圓形覆蓮底座，底座
正面下沿刻「持腰鼓佛母」名稱。供於東壁第
五層第十一龕。

圖 404　諸品吒噶佛

圖 405　持腰鼓佛母

圖 406　持圓鼓佛母

Mukundā

通高 13.5 公分，底座寬 11 公分。

F3Sf：121（故 199890 121／122）

佛母為一面三目二臂，女身。頭戴骷髏冠，赤
髮高聳，耳後有束髮繒帶，忿怒相。赤裸全身，
肩披帛帶，佩飾耳璫、人頭項鬘、臂釧、手鐲、
腳鐲。肩掛一圓鼓於腰間，雙手各持鼓槌。舞
立姿態，足下踩一人。橢圓形覆蓮底座，底座
正面下沿刻「持圓鼓佛母」名稱。供於東壁第
五層第十二龕。

圖 407　持琵琶佛母

Vīṇā

通高 14 公分，底座寬 11 公分。

F3Sf：122（故 199890 122／122）

佛母為一面三目二臂，女身。頭戴骷髏冠，赤
髮高聳，耳後有束髮繒帶，忿怒相。赤裸全身，
肩披帛帶，佩飾耳璫、人頭項鬘、臂釧、手鐲、
腳鐲。懷抱琵琶彈奏。舞立姿態，足下踩一人。
橢圓形覆蓮底座，底座正面下沿刻「持琵琶佛
母」名稱。供於東壁第五層第十三龕。

圖 406　持圓鼓佛母

圖 407　持琵琶佛母

三室樓下佛像

圖408　空行母

高4公分，底寬1.5公分。

此像在三室樓下銅掐絲琺瑯塔座上八個小塔塔龕內供奉。

空行母為黃銅鑄造，通體鎏金，頭髮用顏料染成藍色。一面二臂，葫蘆形髮髻，微嗔相。赤裸上身，腰纏獸皮。左手捧嘎巴拉碗，右手舉鉞刀。左腿舞立於橢圓形單層覆蓮底座上。

圖409　上樂王佛

通高12公分，底座寬10公分。

F3XF：1（故200012 2/2）

佛為黃銅鑄造，通體鎏金，頭髮用顏料染成藍色，雙身。主尊四面十二臂，每面各三目。頭戴骷髏冠，葫蘆形髮髻，嗔怒相。赤裸全身，肩披帛帶，身背象皮，腰纏獸皮，佩飾項鍊、臂釧、手鐲、腳鐲、骷髏和新鮮人頭項鬘。左元手持金剛鈴，右元手持金剛杵，雙臂相交於胸前並擁抱明妃；副手分兩層，外層左手持嘎巴拉鼓，右手持喀章嘎；內層左副手自上而下分別握象皮一角、捧嘎巴拉碗、持羂索、提人頭，右副手自上而下分別握象皮一角、持金剛斧、鉞刀、三尖叉。展右立，雙足下各踩一人。左足下之人一面四臂，主臂雙手合十，另兩手各施期克印，仰臥。右足下之人亦一面四臂，主臂雙手合十，左副手捧嘎巴拉碗，右副手持鉞刀，俯臥。明妃一面二臂，頭戴骷髏冠，葫蘆形髮髻，嗔怒相。左手捧嘎巴拉碗，右手高舉鉞刀。雙腿環繞主尊腰間。橢圓形單層覆蓮底座。

此像在三室樓下銅掐絲琺瑯塔正中龕內供奉。

圖408　空行母

圖 409　上樂王佛

國家圖書館出版品預行編目資料

梵華樓藏寶・佛像（上）/ 故宮博物院 編.
--初版.-- 臺北市：藝術家，2015.06
272面；18.5×24公分.--

ISBN 978-986-282-155-8（上冊：平裝）
ISBN 978-986-282-156-5（下冊：平裝）

1.佛像　2.藏傳佛教　3.圖錄

224.6025　　　　　　　　104010956

梵華樓藏寶 佛像〈上〉
Statues in the Sanctuary of Buddhist Essence

故宮博物院 編

撰　　稿	王家鵬、文明
拉丁轉寫	羅文華
繪　　圖	楊新成、趙叢山、莊立新
攝　　影	趙山、余寧川
圖片提供	故宮博物院資料信息中心

發 行 人	何政廣
主　　編	王庭玫
編　　輯	陳珮藝
美　　編	張紓嘉、吳心如
出 版 者	藝術家出版社
	台北市重慶南路一段 147 號 6 樓
	TEL：（02）2371-9692 ～ 3
	FAX：（02）2331-7096
郵政劃撥	01044798 藝術家雜誌社
總 經 銷	時報文化出版企業股份有限公司
	桃園縣龜山鄉萬壽路二段 351 號
	TEL：（02）2306-6842
南區代理	台南市西門路一段 223 巷 10 弄 26 號
	TEL：（06）261-7268
	FAX：（06）263-7698
製版印刷	欣佑彩色製版印刷股份有限公司
初　　版	2015 年 7 月
定　　價	新臺幣 460 元
I S B N	978-986-282-155-8

法律顧問　蕭雄淋